Veröffentlichungen des Jülicher Geschichtsvereins
Heft 10

in Verbindung mit dem Aachener Geschichtsverein
herausgegeben von
GÜNTER BERS und HERBERT LEPPER

Peter Robertz

(Photo etwa 1943)

PETER ROBERTZ
Die Strafrechtspflege am Haupt- und Kriminalgericht zu Jülich von der Karolina bis zur Aufklärung (1540 - 1744)
Ein Beitrag zur Rechtsgeschichte des Niederrheins

(Unveränderter Nachdruck der Ausgabe 1943)

Meinen Eltern in Dankbarkeit gewidmet

Peter Robertz

Jülich 1987

Geleitwortwort zum Reprint

Die Geschichte des Rechtswesens im Rheinland hat in neuerer Zeit nur selten Forscher-Interesse gefunden; es fehlen sowohl Gesamtdarstellungen als auch modernen Ansprüchen genügende Quellenpublikationen. Ein Grund für dieses Defizit mag in der großen Zersplitterung der rheinischen Territorien liegen, die je ihr eigenes Rechtswesen ausgebildet hatten. Mit dem Untergang der alten Rechtsverhältnisse nach der Besetzung des Rheinlandes durch die Truppen der revolutionären französischen Republik (1794 ff.), der Annahme des Reichsdeputationshauptschlusses (1803) und der Gründung des Rheinbundes (1806) brach das eigenständige regionale Rechtswesen ab. In der Folge der Staatssukzession durch Frankreich bzw. später durch Preußen wurden anders geartete Rechtssysteme der rheinischen Bevölkerung auferlegt, die auf dem westlichen Rheinufer in Zivilrechtssachen in Form des "rheinischen", d.h. des französischen Rechtes bis zur Einführung des Bürgerlichen Gesetz-Buches (1900) fortbestanden, in einigen Bestimmungen sogar bis zum heutigen Tage Gültigkeit haben. Das Allgemeine Preußische Landrecht von 1794 ist ebenfalls in die neueren Rechtskodifizierungen eingegangen. Gegenüber diesen "modernen" Rechtssystemen sind die genuin rheinischen Rechtsausformungen weitgehend in den Hintergrund getreten, obwohl in den Vereinigten Herzogtümern Kleve-Jülich-Berg bereits im 16. Jahrhundert Herzog Wilhelm V. für eine Reorganisierung des Rechtswesens und eine Neuformulierung der Rechtsbücher (1555 ff.) gesorgt hatte, eine für die damalige Zeit durchaus fortschrittliche Maßnahme. Obergericht für das Herzogtum Jülich war seit dem späten Mittelalter das aus dem Gericht der Jülicher Grafen hervorgegangene "Haupt- und Kriminalgericht" in der Stadt Jülich, das bis zur Einrichtung des Jülich-Bergischen Appellationsgerichtshofes in Düsseldorf (1769) als Berufungsinstanz für zahlreiche Untergerichte im Herzogtum Jülich fungierte. Die Akten des Hauptgerichts haben sich, wenn auch mit größeren Lücken, von der Mitte des 16. Jahrhunderts bis in die Zeit um 1740 erhalten. Sie befinden sich heute im Hauptstaatsarchiv des Landes Nordrhein-Westfalen in Düsseldorf und sind in den 30er Jahren dieses Jahrhunderts neu verzeichnet worden.

Der Aachener Peter Robertz (1913-1974) hat in seiner rechtswissenschaftlichen, von der Rechts- und staatswissenschaftlichen Fakultät der Rheinischen Friedrich-Wilhelms-Universität zu Bonn angenommenen Doktordissertation die Spruchtätigkeit des Jülicher Gerichts in Kriminalsachen untersucht (die zivilrechtlichen Entscheidungen der Tätigkeit dieses Gerichtshofes sind bis heute noch nicht beschrieben). Die Fertigstellung dieser wertvollen Arbeit fiel in die Zeit des beginnenden Zweiten Weltkrieges. P. Robertz veröffentlichte seine Untersuchung in der Zeitschrift des Aachener Geschichtsvereins Band 61 (1940) und Band 62 (1949). Die 56 der Fakultät eingelieferten Separat-Drucke dieser Dissertation sind wegen der Kriegsereignisse wohl kaum, wie üblich, an die deutschen Universitätsbibliotheken versandt worden; die Arbeit ist jedenfalls in den meisten Bibliotheken nicht nachzuweisen, wie etwa der Zentral-Katalog der wissenschaftlichen Bibliotheken für Nordrhein-Westfalen ausweist. Die Zeitschrift des Aachener Geschichtsvereins erschien damals wegen der Papierknappheit in verminderter Auflage; überdies scheint es, daß der entsprechende Zeitschriftenband viele Bibliotheken ebenfalls nicht erreicht hat, denn, wie die Dissertationsexemplare, fehlt auch der betreffende Zeitschriftenband in einer Anzahl von Bibliotheken. Der zweite Teil der Robertz'schen Untersuchung wurde dann erst Ende der vierziger Jahre veröffentlicht (die bereits gesetzten Seiten hatten den Krieg überdauert), in einer Zeit, in der viele Menschen mit den Sorgen der Lebenssicherung und des Wiederaufbaus beschäftigt waren und solchen speziellen Untersuchungen wenig Aufmerksamkeit widmen konnten. Auch der einschlägige Band des Jahresverzeichnisses der Deutschen Hochschulschriften wie auch seine folgenden Jahrgänge führen die Robertz'sche Dissertation nicht auf; selbst die Bonner Universitätsbibliothek besitzt kein Exemplar.

Somit mußte es Jahre dauern, bis die Darstellung der Tätigkeit des Haupt-und Kriminalgerichts Jülich den rechtsgeschichtlich interessierten Forschern überhaupt bekannt werden konnte. Soweit ersichtlich, ist eine Rezeption jedoch nur ausnahmsweise erfolgt, vielfach scheint die verdienstvolle Arbeit von P. Robertz gänzlich unbekannt geblieben zu sein. Auch ihr Autor ist, nachdem er sich dem Beruf des Wirtschaftsprüfers zugewandt hatte, nicht mehr auf sein altes Forschungsgebiet zurückgekommen. So ist es zu vertreten, daß die Darstellung der Tätigkeit des Jülicher Hauptgerichts in criminalibus fast ein halbes Jahrhundert nach ihrer Niederschrift in einem unveränderten Nachdruck erscheint; überdies hat die Tätigkeit des Jülicher Obergerichts seitdem keine weiteren Untersuchungen gefunden, wenn man von einem einzigen Aufsatz absieht [E. Fuchs, Kindsmordprozesse vor dem Jülicher Haupt- und Kriminalgericht, in: Beiträge zur Jülicher Geschichte 40, 1973, S. 80-100]. Die herausgebenden Geschichtsvereine hoffen, daß die erneute Bereitstellung eines unverdient unbeachtet gebliebenen Textes zur rheinischen Rechtsgeschichte zu einer verstärkten Beschäftigung mit der Tätigkeit der Gerichtsinstitutionen des Ancien Régime in den rheinischen Territoren führen möge.

Für freundliche Unterstützung bei der Drucklegung danken wir der Wirtschaftsprüfungsgesellschaft Schleicher und Dr. Robertz in Aachen, Herrn Rechtsanwalt Dr. jur. Erwin Fuchs in Jülich und Herrn Notar Dr. jur. Wolfgang Peter in Jülich.

Jülich, im Juli 1987

Für den Jülicher Geschichtsverein

Prof. Dr. Günter Bers
stellv. Vorsitzender

Für den Aachener Geschichtsverein

Dr. Herbert Lepper
Vorsitzender

Inhaltsverzeichnis

Einleitung. S. 2

1. Quellen und Quellenkritik.

Die Rechtsgeschichte des Niederrheins ist bisher wenig und unvollständig erforscht worden. Die zahlreich vorhandenen Quellen warten zum größten Teil noch der Entdeckung. Zu einer umfassenden Gesamtdarstellung bedarf es daher noch der Herbeischaffung zahlreicher Bausteine. Die vorliegende Arbeit soll hierzu einen kleinen Beitrag liefern.

Das bearbeitete Gebiet umfaßt den größten Teil des linksrheinischen deutschen Niederrheins, das Herzogtum Jülich, das in seiner Vereinigung mit dem benachbarten Herzogtum Berg eines der machtvollsten Fürstentümer des nachmittelalterlichen Deutschlands war. Es besaß in seinem Haupt- und Kriminalgericht Jülich ein Gericht, das weit über den engeren Heimatbezirk hinaus hervorragende Bedeutung erlangte. Die Hauptgerichte der übrigen „Hauptstädte" des Herzogtums, Düren, Euskirchen und Münstereifel hatten nur untergeordnete Bedeutung und vermochten daher nicht die gleiche wichtige Rolle zu spielen, wenn auch in Düren, infolge besonderer Privilegien, die volle Gerichtsbarkeit in personalibus und realibus, in Zivil- und Kriminalsachen ausgeübt wurde[1]).

Zur Bearbeitung des Themas standen mir als ergiebigste und größte Quelle über 200 Akten des Kriminalgerichts aus der Zeit von 1564 bis 1744 zur Verfügung. Diese, im Staatsarchiv Düsseldorf lagernden Akten sind nur in den seltensten Fällen vollständig, namentlich diejenigen des 16. Jahrhunderts weisen erhebliche Lücken auf. Der erste einigermaßen vollständige Prozeß liegt aus dem Jahre 1566 vor[2]). Viele Akten bestehen nur aus Zeugenladungen und Vernehmungsprotokollen. Der Grund für die mangelnde Vollständigkeit liegt in den verschiedensten Umständen. Die Stadt Jülich wurde im S. 3
Laufe der Jahrhunderte von zahlreichen Kriegen heimgesucht. Brände legten mehrfach ganze Stadtteile nieder[3]). Die im Rathaus befindlichen Akten wurden hierbei vielfach in Mitleidenschaft gezogen. Auch bei dem Transport der Akten von Jülich in die Residenzstadt Düsseldorf mögen bei den damals schlechten Verkehrsverhältnissen viele Prozeßakten zugrunde gegangen sein. Im Jahre 1794 brannte es

---

[1]) Bonn, Rumpel und Fischbach, Sammlung der Materialien zur Geschichte Dürens und seiner nächsten Umgebung. Düren 1835—54, S. 104/105. J. B. Bewer, Sammlung einiger bei den Jülich- und Bergischen Dikasterien entschiedenen Rechtsfälle . . . , Düsseldorf 1798, II S. 34; Josef Kuhl, Geschichte der Stadt Jülich, 4 Bde., Jülich 1894—97, III, S. 260.

[2]) St. A. D. [= Staatsarchiv Düsseldorf]: Hauptgericht Jülich Nr. 25.

[3]) Die Stadt Jülich brannte am 3. Mai des Jahres 1547 (vgl. hierzu Kuhl, Bd. I S. 6).

bei der Beschießung Düsseldorfs durch die Franzosen in der Steuer- und Hofkammerregistratur, und im Jahre 1809 mußten die Akten des Hauptgerichts Jülich sogar den Franzosen zur Herstellung von Patronen zur Verfügung gestellt werden[4]). Von dieser letzten Maßnahme werden wohl hauptsächlich die Akten der Jahre nach 1740 betroffen worden sein; denn anders läßt sich ihr Fehlen nicht erklären. Im heute noch nicht völlig geordneten Stadtarchiv Jülich befinden sich nur sehr wenige auf das Haupt- und Kriminalgericht bezugnehmende Akten. Die vorhandenen beschränken sich hauptsächlich auf die Auswahl und Bestätigung von Schultheiß und Schöffen des Gerichts. Sie sind in dem Kapitel über die Gerichtspersonen erschöpfend berücksichtigt worden.

Als weitere Quellengruppe kommen bereits gedruckte Akten und Nachrichten in Betracht. Eine besonders wertvolle Hilfe bildeten hier die Urkundenbücher von Lacomblet und die Landtagsakten von Belows. Außerdem wurden die in den verschiedenen Geschichtsblättern des Niederrheins abgedruckten Urkunden, die auf die Strafrechtspflege des Kriminalgerichts Jülich irgendwie Bezug nahmen, weitgehend berücksichtigt. Für eine vollständige Berücksichtigung aller irgendwo abgedruckten Urkunden kann ich jedoch nicht einstehen. Die zahlreich vorhandenen und ausführlichen Ortsgeschichten gaben wertvolle Aufschlüsse über vorhandene Quellen. Auch
S. 4 vereinzelte Aufsätze über andere Themen enthielten über die Strafrechtspflege interessante Einzelheiten, die ich in dieser Arbeit gut verwerten konnte. Eine nicht minder wichtige Quelle bilden die im Herzogtum ergangenen Gesetze, Edikte und Verordnungen. Hauptaufgabe war es bei diesen, die für die Strafrechtspflege entscheidenden Gesetzgebungsakte von den weniger wichtigen wiederholenden und erneuernden zu trennen; denn auch in den vereinigten Herzogtümern Jülich-Berg hat die nachmittelalterliche Gesetzgebung, ebenso wie in den anderen deutschen Territorien, fast unübersehbare Formen angenommen.

2. Die geschichtliche Entwicklung der Strafrechtspflege im Herzogtum Jülich.

Bis zum Jahre 1537, dem Jahre der Kondifizierung des Jülicher Landrechtes, fließt auch am Niederrhein, wie in vielen anderen Territorien die Quelle für die Geschichte der Strafrechtspflege sehr spärlich[5]). Selbst von den, namentlich in Norddeutschland, so reichhaltigen Landrechten läßt sich nichts entdecken. Dieser Mangel ist zum großen Teil in der staatspolitischen Zerrissenheit des Niederrheins,

---

[4]) M. J. Neudegger, Geschichte der pfalzbayerischen Archive, München 1890/94, S. 224. St. A. D. Jülich-Berg, Generalia Nr. 156.

[5]) Rudolf His, Das Strafrecht des deutschen Mittelalters, Leipzig 1920, I, S. 1.

in dem Vorhandensein kleiner und kleinster Herrschaften, Unterherrschaften und Immunitäten begründet. Gab es doch noch 1789 150 selbständige Dingstühle und 42 Unterherrschaften. Der Satz von Belows: „Die Herrschaft des deutschen Dynasten des 13. Jahrhunderts war ein Konglomerat von Einzelrechten, deren Verbindung nur in der Einheit der berechtigten Person gegeben war" ist nur zu berechtigt[6]).

Dieses „Konglomerat von Einzelrechten" ist zum guten Teil in zahlreichen Weistümern des Niederrheins niedergelegt, die „einen herren von Guilge" oder „einen herzoich von Gulghe" als ihren Vogt bezeichnen, der zu richten hat „mitt dem schwertt, vnder der erden vnd bouven der erden, galgen vnd radt, Klockenklang, wildtfang, nachfolgen, der vogell pfanck, gebott vnd verbott"[7]). Ihm steht die S. 6
Hochgerichtsbarkeit, die ihn zu richten berechtigt über alle „gewaltigen sachen", zu. Zu diesen gewaltigen Sachen sind der Messerzug, die Verletzung mit gefährlichen Werkzeugen, Veranlassung von Waffengeschrei, Totschlag und Raub, die Verletzung der gemeinen Gründe, Wege und Stege zu rechnen[8]). In dem allen deutschen Landesherren eigenen Streben nach unumschränkter Landeshoheit werden diese Einzelrechte immer mehr zu einer Einheit gefestigt. So hat es die Tatkraft des Landesherren mit sich gebracht, daß man in Jülich bereits um die Mitte des 14. Jahrhunderts auf dem Gebiete der Gerichtsbarkeit praktisch von dem Vorhandensein eines „Territoriallandrechts" sprechen kann[9]). Eine Niederschrift war jedoch nicht erfolgt. Um seine Rechte in ihrer Gesamtheit endgültig zu sichern und um den etwaigen Ansprüchen der Unterherren für alle Zukunft jede Berechtigung zu nehmen, mußte der Landesherr einmal zu einer umfassenden Kodifizierung schreiten. Die Forderung der Jülicher Hauptstädteboten vom Jahre 1536 kam dem regierenden Herzog Johann daher sehr gelegen. Sie forderten eine „Stellung" der Abweichungen der Rechtsprechung des Reichskammergerichts mit dem im Fürstentum herrschenden Gewohnheitsrecht[10]). Als eigentliche Veranlassung dieser Forderung muß daher die Einführung des römischen Rechts und die dadurch bedingte Aufhebung der deutschen Schöffenverfassung, die Ersetzung der ländlichen Schöffen S. 7

---

[6]) v. Below, Die landständische Verfassung, in Jülich und Berg bis zum J. 1511, Zeitschrift d. Berg. Gesch.-Ver. [zit. ZBGV], 21 Bd. S. 175.

[7]) Niederrheinische Weistümer (Lacomblet, Archiv f. d. Gesch. d. Niederrheins, VII) S. 19 ff. Braun, Zur Geschichte des Landes Montjoie (Annalen d. hist. Ver. f. d. Niederrhein, 6. Heft), S. 22.

[8]) Schöningh. Der Einfluß der Gerichtsherrschaft . . . in den niederrheinischen Territorien Jülich u. Köln (Annalen, Heft 79), S. 33. Weistum des Fronhofs von St. Georg zu Poulheim in Lacomblet, Arch. f. G. Ndrrh. Bd. VII S. 19 (16. Jahrh.).

[9]) v. Below: Die landständische Verfassung etc. ZBGV, Bd. 21 S. 67. Lacomblet, Urkundenbuch f. d. Gesch. d. Niederrheins, III, Nr. 579: Der Ritter Ringsheim gelobt dem Herzog Recht zu pflegen vor ihm „ind sinen gerichten van allen richtlichen sachen, naedeme dat sin lantrechtt steyt".

[10]) Urkunde vom 8. Juni 1536, abgedruckt bei v. Below, Landtagsakten von Jülich-Berg 1400—1600 (Publ. d. Ges. f. Rhein. Geschichtskunde XI), Bd. 1, S. 209 und 112.

durch die gelehrten Richter angesehen werden[11]). Ungefähr von diesem Zeitpunkt ab gelangt auch das Haupt- und Kriminalgericht Jülich zu erhöhter Bedeutung für die Strafrechtspflege. Bisher hatte der Herzog seine ihm nach den verschiedenen Weistümern zustehenden Rechte durch die fast an jedem Ort des Landes vorhandenen Schöffengerichte und Dingstühle, in denen ein Schultheiß oder Vogt im Namen des Herzogs Recht sprach, ausüben lassen. Eines dieser untereinander vollkommen gleichberechtigten Schöffengerichte war das Schöffengericht in der Hauptstadt des Landes, Jülich. Über die Entstehungsgeschichte dieses Gerichtes ist uns Näheres nicht bekannt, daher sind wir in dieser Beziehung nur auf Vermutungen angewiesen. „Dahier zu Gülich bestehet von urdenklichen Zeiten des Landes Haupt- und Kriminalgericht", so berichtet das älteste uns erhaltene Lagerbuch des Amtes Jülich von 1786[12]). Bereits im Jahre 1292 begegnet uns das älteste Schöffensiegel an einer Urkunde des Klosters Gnadenthal[13]). Tatsächlich aber kann die Entstehung des Gerichts wohl unbedenklich auf Karl den Großen, den Gründer der Schöffenverfassung und des Jülichgaus, zurückgeführt werden.

Als Gericht in der Residenzstadt des Herzogs wuchs seine Bedeutung gegenüber den anderen Gerichten des Landes schon in der ersten Hälfte des 14. Jahrhunderts, in dem Zeitpunkt, als die alten Oberhöfe allmählich ihre ursprüngliche Bedeutung verlieren. In dem, auch im Herzogtum Jülich besonders stark spürbaren Bestreben der Landesherren, die herzogliche Zentralgewalt immer mehr zu stärken und zu festigen, ist es verständlich, wenn sie versuchten, alle Streitigkeiten in Zivil- und Kriminalsachen an das landesherrliche Hauptgericht zu ziehen. Wie früh schon diese Entwicklung im Herzogtum
S. 7 ansetzt, ersehen wir daraus, daß das Xantener Viktorstift bereits 1332 gezwungen war, über den Herzog von Jülich wegen Ablenkung des Instanzenzuges des Dülkener Gerichts von Kempen nach Jülich zu klagen[14]). Diese Entwicklung wurde durch die Einführung des gemeinrechtlichen Prozeßverfahrens und die Einsetzung des Reichskammergerichts, sowie in strafrechtlicher Hinsicht durch die Karolina entscheidend beeinflußt. Das Schöffengericht Jülich wurde mit Juristen besetzt und legte sich fortan den Namen „Haupt- und Kriminalgericht" bei. Seine erste Stelle als Hauptgericht hat es dann bis zum Jahre 1794 behalten. Erst die französische Revolution und der Einmarsch französischer Truppen führten seine Auflösung herbei. Am 9. Oktober 1794 trat an seine Stelle ein Friedensgericht, welches bei kleinen Polizeiübertretungen zuständig war und eine Geldstrafe von

---

[11]) Maurenbrecher, Die rheinpreußischen Landrechte, 2 Bde, Bonn 1830/31, I, S. 42; Stölzel, Die Entwicklung des gelehrten Richtertums in deutschen Territorien, Stuttgart 1872, 1. Bd., S. 22.

[12]) Der Folioband befindet sich im Düss. St. A.; vgl. auch Kuhl, Bd. 3, S. 255.

[13]) W. Ewald: Rheinische Siegel (Publ. d. Ges. f. Rhein. Geschichtsk. XXVII), Bd. III, S. 126.

[14]) Schöningh a. a. O., Annalen 79, S. 58/59).

höchstens 15 Fr. oder Gefängnis bis zu 5 Tagen verhängen konnte[15]).

Noch Herzog Johann (1511—1539) ließ in seinem Streben, Jülich „zu einem in allen Teilen durch den obersten allein entscheidenden fürstlichen Willen zusammengehaltenen Staatswesen" zu machen nach dem Grundsatz: „Alle Gewalt geht vom Landesherren aus, alle Sonderbildungen sind Ausnahmen", zunächst die zahlreichen Hofesgerichte, die die Rechtspflege nur erschwerten, zusammenlegen. Im Jahre 1537 erfolgte dann die Niederschrift des Landrechts unter dem Titel[16]): „Ordenonge und principaill Articulen S. 8 des Lantrechten, so wie die selvygen van aldem herkommen byst noch her in dit jair funftzienhondert seven und dryssich in deme fürstendomp Guylich gebruycht und gehalden synt worden". Das tatsächliche Alter des niedergeschriebenen Gewohnheitsrechts läßt sich nicht mehr feststellen[17]). Ein inhaltlich sehr ähnliches Rechtsdenkmal ist uns aus dem Jahre 1517 für die jülichsche Herrschaft Montjoie erhalten geblieben[18]).

Das keinen Einfluß des römischen Rechts oder Wissenschaft verratende Landrecht enthält in 70 Kapiteln, jedes in mehreren Unterabteilungen, Rechtssätze privatrechtlicher, strafrechtlicher und prozeßrechtlicher Natur. Einen Anspruch auf Vollständigkeit kann und will das Landrecht nicht erheben. Die strafrechtlichen Bestimmungen des Landrechts wurden durch die Kodifikation allerdings nicht wieder zu neuem Leben erweckt; denn in den Prozeßakten werden sie nicht mehr erwähnt. Sie waren durch die Bestimmungen der Karolina bereits verdrängt. Aber auch die Zivilrechtspflege wird nur zu einem geringen Teil von ihr beherrscht gewesen sein, was sich aus der Tatsache ergibt, daß gleichzeitig Hubert Smetz aus Speier, dem Sitze des Reichskammergerichts, im Auftrage der Regierung den Entwurf einer schon wesentlich römisch-rechtlichen Prozeßordnung einsandte[19]).

Für die Fortentwicklung der Gesetzgebung auf strafrechtlichem Gebiete wird die nun folgende Regierungszeit Wilhelms des

---

[15]) Siehe Protocoll d. Munizipalität Jülich v. 9. Oktober 1794 (St. A. J. [= Stadtarchiv Jülich], A. 82): „Bürger Mögling, Mitglied der zu Achen niedergesetzten Central Commission schritt in gefolge der auf ihn ausgestellten Vollmacht nach vorgelesener general Instrucction vom 15. Brumaire zur ferneren Organisierung des ihm angewiesenen Cantons. Zum Friedensrichter ward Bürger Jungbluth vormaliger Schöpfen, zu Beisitzern die Bürger Krey, vormaliger Steur Empfänger, Klein, vormaliger Gerichtsschreiber ernannt. Central Verwalter Bürger Mögling hoft, daß ein jeder das ihm zugedachte Personale nach dem Sinne des französischen Gesetzes und zum gemeinnützigen Entzwecke um so mehr erfüllen werde, als in widrigen falle der Pflichtwidrig handelnde angemessener Ahndung ausgesetzt seie." (Teilweise auch bei Kuhl, Bd. 3, S. 68 abgedruckt.)

[16]) Original im St. A. D. Jülich-Berg II: Akten nach 1521 Nr. 1305. Abgedruckt bei Lacomblet, Arch. f. G. Ndrrh. Bd. 1, S. 111 ff.

[17]) Schmelzeisen, ZAGV Bd. 53, S. 53. Lacomblet will hingegen in seinen Hauptbestandteilen altes Recht aus dem 14. Jahrhundert erkennen (Arch. f. G. G. Ndrrh. Bd. 1, S. 32); v. Below, Landständische Verfassung, ZBGV 22, S. 1, Anm. 3 findet hierfür keinen Anhaltspunkt.

[18]) Braun, Z. Gesch. d. Landes Montjoie, Annalen, Heft 6, S. 1 ff.

[19]) v. Below, Landtagsakten, Bd. 1, S. 112, Anm. 146; Bd. 2, S. 174, Anm. 3; v. Below, Die Ursachen der Reception des römischen Rechts in Deutschland, München u. Berlin 1905, S. 37.

Reichen (1539—1592) von wesentlicher Bedeutung. Dieser Herzog wandte sich nach seinen verlustreichen Kämpfen mit dem Kaiser um Geldern ganz der inneren Verwaltung seines Landes zu. Als erstes größeres Gesetzgebungswerk erging die „Gülich und Bergische
S. 9 Polizey-Ordnung" im Jahre 1554[20]). Es folgten dann die „Ordnung des gerichtlichen Prozeß" 1556 und die Gerichtsschreiberordnung. Mit dem Erlaß dieser Ordnung war in Verbindung mit der noch gleichzeitig erscheinenden Rechts- und Reformationsordnung die Reform des Justizwesens für fast 1½ Jahrhunderte abgeschlossen.

Die Polizei-Ordnung, wie auch die Rechts- und Reformationsordnung, die den Zivilprozeß zum Gegenstand hat, wurden zu einer Zeit erlassen, als der Geist des römischen Rechts bereits in viele benachbarten Territorien seinen Einzug gehalten hatte[21]). Die Regierung fand zu dieser Kodifikation von sich aus den Weg. Ihre endgültige Gestaltung erfuhr sie allerdings unter wesentlicher Mitwirkung der jülich- und bergischen Stände, weil der Herzog und seine Räte der Ansicht waren, „daß soliche reformation die privilegien und wolherbrachte gebruich und gewoenheiten der landen mit tete belangen"[22]). Diese setzten die Regierung bei ihrer Abfassung keinen nennenswerten Widerstand entgegen. Sie hatten vielmehr ein starkes Interesse an der Polizeiordnung, da sie sich selbst zu schwach fühlten, Raub, Brand, Diebstahl und Totschlag zu wehren. Die kriegerischen Verwicklungen des Herzogs und die Kämpfe mit dem Kaiser hatten viele herrenlose Söldner ins Land gebracht, die nahezu zu einer Landplage geworden waren[23]). Kern der Polizeiordnung ist das Edikt gegen die „Wiedertäuffer", das einem Landtag von Jülich-Berg im April 1554 vorgelegt wurde[24]). Auch wurden die neuen Zusätze
S. 10 des Jahres 1558 durch den Jülicher Ständeausschuß vom März 1558 begutachtet[25]). Der Aufbau der Ordnung verrät die Federführung der juristisch geschulten Räte der Düsseldorfer Kanzlei. Was ihren Inhalt betrifft, so ist der Einfluß der Karolina unverkennbar, die, wie sich aus den Kriminalakten des Hauptgerichts ergibt, die Hauptquelle der Rechtsprechung war, jedoch, im Gegensatz zu Köln, wo Erzbischof Hermann 1538 die Karolina ihrem ganzen Inhalt nach in seine Reformation aufnahm, eine offizielle Einführung im Herzogtum

[20]) Sie wurde redigiert in den Jahren 1558, 1581, 1608, 1696; vgl. v. Below, Reception S. 43 ff. Benutzt wurde die im Jahre 1696 bei Johann Christian Schleuter in Düsseldorf gedruckte Ausgabe.

[21]) Kurtrier 1515 und 1537; Kurköln 1537.

[22]) v. Below, Reception, S. 39.

[23]) W. Graf v. Mirbach, Kriegsschäden, welche das Herzogtum Jülich . . . 1568—1589 erlitten hat (ZAGV I, S. 279).

[24]) Sonst war die Mitwirkung der Landstände nur gegeben, wenn es sich um den Abschluß eines Landfriedens, den Verkauf einer Rente, die Übernahme der Bürgschaft für die richtige Zahlung derselben, um Pfandveräußerungen, Bündnisse, Friedensverträge und andere Verträge mit fremden Herren und um die Ordnung des fürstlichen Hauses handelte (v. Below, Die landständische Verfassung, ZBGV Bd. 21, S. 237; Bd. 22, S. 50. Ebenfalls v. Below, Die Reception, S. 81: „Oft wurden sie bei der Gesetzgebungsarbeit gar nicht oder nur gelegentlich beigezogen." Siehe auch v. Below: Landtagsakten I, S. 690).

[25]) v. Below: Landtagsakten Bd. 1, S. 738.

Jülich nie erfahren hat[26]). Nicht immer begnügt sie sich mit einer einfachen Wiederholung der in der Karolina angeführten Tatbestände. Da, wo diese Lücken hinterließ, die Unklarheiten und Rechtsunsicherheit hervorzurufen geeignet waren, bildete sie neue Tatbestände oder ergänzte die der Karolina entnommenen durch die Angabe eines Strafmaßes[27]). Vor allem sind es solche Tatbestände, die die Karolina nicht berücksichtigt, deren Regelung daher nach dem Willen des Kaisers und der Stände dem Landesherren je nach der Eigenart der territorialen Verhältnisse überlassen blieben. Außer dem genannten Edikt gegen die „Wiedertäuffer" enthält sie Strafbestimmungen gegen die „Sacramentierer", „Winkelprediger", „Gotteslästerer", „Bündnisse gegen die Obrigkeit", gegen die Friedbrecher, Mordbrenner, Mörder und Straßenschänder, vor allem aber gegen die Landplage der Bettler, Vagabunden und Zigeuner.

Die „Ordnung des gerichtlichen Prozeß" behandelt die Stellung der Gerichtspersonen, deren Rechte und Pflichten für den Zivilprozeß. Da die Organisation der peinlichen und Zivilgerichte jener Zeit völlig gleich war, ebenso die Ausbildung der Richter, Schöffen und anderen Gerichtspersonen keinen Unterschied aufwies, *S. 11*
muß diese Ordnung auch auf die Organisation des Kriminalgerichts Jülich angewandt werden[28]). Die Gerichtsschreiberordnung behandelt die Stellung des Gerichtsschreibers. Ihre Kenntnis war zur Ausübung des Gerichtsschreiberamtes unerläßlich.

Gegen Ende des 16. Jahrhunderts macht sich auch im Strafrecht eine neue geistige Strömung bemerkbar, der der Herzog selbst und eine große Zahl der ihn umgebenden Räte und andere einflußreiche Männer zugetan waren[29]). Es ist die Lehre des Erasmus von Rotterdam, die im Herzogtum Jülich wie kaum anderswo eine Pflegestätte fand. Als Symbol der in den jülich-bergischen Landen herrschenden erasmischen Lehren war fast überall der Laienkelch im Gebrauch[30]). Er kann aber nicht nur als Symbol der reformatorischen Gesinnung Wilhelms auf kirchlichem Gebiete aufgefaßt werden, sondern er kennzeichnet auch den Willen des Herzogs, die humanistischen Grundsätze gegenüber der in fast allen anderen katholischen deutschen Staaten herrschenden entgegengesetzten religiös-kirchlichen Richtung auch auf staatspolitischem Gebiete durchzusetzen.

Auf dem Gebiete der Justiz war es vornehmlich das gerade zu dieser Zeit in fast allen deutschen Landen in voller Blüte stehende

[26]) v. Wächter, Gemeines Recht Deutschlands, insbesondere Gemeines Deutsches Strafrecht, Leipzig 1844, S. 42/43.

[27]) z. B. Ehebruch „der gebühr nach zu bestrafen"; Bigamie „mit dem Schwert".

[28]) Stölzel, Gelehrtes Richtertum, S. 337/38.

[29]) Harleß, Zur Geschichte Herzog Wilhelms III. von Cleve-Jülich-Berg, ZBGV 1, S. 2; Binz, Dr. Johann Weyer, ZBGV 21, S. 160.

[30]) Lossen, Zur Geschichte des Laienkelches am Hofe des Herzogs Wilhelm von Jülich-Cleve-Berg, ZBGV 19, S. 1.

Inquisitionswesen, das den neuen Geist zu spüren bekam. Einflußreiche Männer, die ebenfalls der erasmischen Richtung angehörten, unterstützten den Herzog tatkräftig in seinem Kampfe gegen die Hexenverfolgungen. Neben Reiner Solenander aus Büderich war hauptsächlich sein Leibarzt Weyer der eifrigste Gegner der Hexenverfolgungen, sein Einfluß auf den Herzog dementsprechend groß[31]).
S. 12 In dem Vorwort zu einem seiner Werke gegen den Hexenwahn konnte Weyer über den Herzog schreiben, daß keine Meinung über Hexen an des Herzogs Hof so mit der seinigen übereinstimme, wie die Wilhelms. „Nicht wie andere ziehst Du verwirrte, arme, alte Weiber zu schweren Strafen heran. Du forderst den Beweis, und nur, wenn sie wirklich Gift gegeben haben zum Morde der Menschen und Tiere, läßt Du den Vorschriften der Gesetze ihren Lauf"[32]). Dies schließt zwar nicht aus, daß es in Jülich zu Hexenprozessen gekommen ist. Die Bestätigung eines Todesurteils gegen eine Hexe ist aber nicht nachweisbar[33]).

Um den Einfluß der zum größten Teil anders gesinnten Schöffen und auch Unterherren auszuschalten, entzog die Regierung bald die Entscheidung über Hexensachen der ordentlichen Gerichtsbarkeit. Nur kurze Zeit durften die Unterherrschaften, die sonst neben dem Herzog die gleichen Rechte in der Justiz hatten, über Hexenprozesse urteilen, dann aber wurde ihnen dieses Recht mit Rücksicht auf die
S. 13 anderen Anschauungen der herzoglichen Regierung entzogen[34]). Die Kriminalgerichte beider Herzogtümer und damit auch das Kriminalgericht zu Jülich wurden in diesen Sachen nur Untersuchungs-

---

[31]) Siehe Soldan, Geschichte der Hexenprozesse, Bd. 1, S. 465 ff. Doktor Johannes Weye, Weier, Wier, Wierus, Wyerus oder Piscinarius wurde entweder 1515 oder ganz zu Anfang 1516 zu Grave an der Maas in der Provinz Nordbrabant geboren Er wurde 1550 Leibarzt des Herzogs Wilhelm. Das Hauptwerk erschien 1563; De praestigiis daemonum, et incantationibus ac veneficiis libri V. Zwei weitere Werke Weyers gegen den Hexenwahn sind betitelt: De Lamiis und Pseudomonarchia daemonum 1577. Beim ersteren Werk ist das Jahr nicht feststellbar. Über das Leben und das Werk Weyers siehe Binz: Doktor Johann Weyer ZBGV 21, S. 1—171 und Eschbach: Dr. med. Johannes Wier, der Leibarzt des Herzogs Wilhelm III, v. Cleve-Jülich-Berg (Betr. z. Gesch. d. Niederrheins 1, S. 57—174).

[32]) Binz, ZBGV 21, S. 31.

[33]) Siehe Pauls, Zauberwesen u. Hexenwahn am Niederrhein, Beiträge G. Ndrrh. 13, S. 214. Pauls nimmt an, daß für die Ämter Kaster und Bergheim einige Hexenprozesse in den Jahren 1590 und 1591 nachweisbar seien, und teilt mit, daß ihm für das 16. Jahrhundert etwa 20 Prozesse aus dem Herzogtum bekannt geworden seien (S. 223). Die Bestände des St. A. D. enthalten nur ein Aktenstück über am Kriminalgericht Jülich verhandelte Hexenprozesse. Zwei Angeklagte sind aufgeführt. Ein Kläger behauptet, die Beklagte habe sein Pferd getötet. Es wird der Wahrheitsbeweis gefordert, den der Kläger aber nicht führen kann, weshalb er abgewiesen wird (Hauptgericht Jülich Nr. 209 Blatt 2 ff. 1556). Der zweite Prozeß beschuldigt Antgen Weber, eine Frau von 80 Jahren, das Kind der Hilgen Hamechers und diese selbst bezaubert zu haben. Die Klägerin behauptet „kroddelen" [Kröten] im Leib zu haben, die sich vermehrten bei „unstetigem und ergen wetter, ein jeder sie hören konnte, ihr hartzt alsso nagte und tormentirten, daß keine ruhe noch rast hette, ihr man auch nicht derhalben mehr bey ihr schlafen wollte". Die Beklagte stirbt im Gefängnis an Altersschwäche (Hauptgericht Jülich Nr. 209 [1667]).

[34]) 1631 fragt Wolfgang Wilhelm seine Räte, ob die Unterherren in Hexensachen urteilen dürften. Die Räte antworteten, ihrer Ansicht nach nicht, obwohl es kurze Zeit so gehandhabt worden sei, daß diejenigen Unterherren, denen das jus gladii zustand, auch das Recht zu Hexenverbrennungen gehabt hätten. Der Räte Ansicht sei jedoch, daß ein solches Recht nur dem Herzog zustehe. (Jülich-Berg II Nr. 1324 St. A. D.) Schließlich erging kurz darauf eine Verordnung vom 2. Mai 1631 (abgedr. bei Diefenbach, Der Hexenwahn, 1886, S. 119), die die Verurteilung einer Hexe der Regierung übergibt.

gerichte, denen keinerlei Entscheidung oblag. Diese fällte einzig und allein die Regierung zu Düsseldorf.

Bis zum Jahre 1695 erfolgt keine Förderung der Strafrechtspflege durch die landesherrliche Gesetzgebung mehr. Unter Johann Wilhelm (1690—1716) erfolgte 1695 eine einschneidende Änderung des Strafprozeßverfahrens. Er erließ am 11. Juni dieses Jahres den „Inquisitions-Receß in Criminalibus", der den Accusationsprozeß durch den Inquisitionsprozeß ersetzte[35]). Der Herzog sah sich zu dieser Maßnahme gezwungen, weil ihn die tägliche Erfahrung gelehrt hatte, wie sehr der bisher in Übung gewesene Accusationsprozeß die Rechtspflege hemmte und welch langwierige und weitläufige Prozesse durch ihn entstanden waren. Der Inquisitionsprozeß sollte den Strafprozeß beschleunigen und den Delinquenten vor langjähriger harter Untersuchungshaft bewahren[36]). Der Inquisitionsprozeß in der von Johann Wilhelm eingeführten Form ist dann bis zur französischen Revolution im Jahre 1794, das auch die Besetzung und nachfolgende Annektion des Herzogtums Jülich durch Frankreich mit sich brachte, ohne wesentliche Änderungen beibehalten worden.

Entgegen dem Willen Johann Wilhelms ließen sich jedoch die einmal eingerissenen Übelstände auch in den folgenden Jahren nicht gänzlich abstellen. Namentlich wurde die Dauer eines Strafverfahrens nicht wesentlich verkürzt. Erst Karl Theodor (1742—1799), ganz dem Geiste der neuen Zeit der Aufklärung verschrieben, schien der geeignete Fürst, um die Übelstände am Niederrhein zu beseitigen. Unter seiner Regierung wurde in den vereinigten Herzogtümern Jülich-Berg der Gedanke des Wohlfahrtsstaates durchgesetzt. König Friedrich II. von Preußen war in allen seinen Reformen sein Vorbild[37]). Karl Theodor, dem die Wohlfahrt seiner Länder und das Glück seiner Untertanen am Herzen lag wie keinem bisher[38]), konnte an den eingerissenen Übelständen, namentlich auf dem Gebiete der Rechtspflege, nicht vorübergehen. Wir ersehen aus seinen Verordnungen, wie er um die Beschleunigung des Prozeßverfahrens bemüht ist, vor allem aber, wie er bestrebt ist, die Unsicherheit, die Landstraßen und Untertanen durch umherstreifende Räuber- und Diebesbanden befallen hat, zu beseitigen[39]). Er glaubt, die Abschreckung des Verbrechers sei das bestgeeignete Mittel, das Verbrechen zu bekämpfen; daher kann es auch nicht Wunder nehmen, wenn er zu S. 14

[35]) Abdruck o. J. (den einzelnen Ausgaben der Hofgerichtsordnung von 1684 später als Anfang beigefügt).

[36]) Siehe Präambel zum Inquisitionsprozeß.

[37]) Siehe hierzu Hauck, Karl Theodor, Kurfürst v. Pfalz-Bayern (Mannh. Geschichtsbl. 1, S. 3 f. und S. 27 ff.); Lipowsky, Karl Theodor, Churfürst v. Pfalz-Bayern . . . , Sulzbach 1828, S. 40.

[38]) Hauck a. a. O., S. 3.

[39]) VO. vom 21. Februar 1744 (Scotti, Sammlung d. Gesetze u. Verordnungen . . . in den ehemaligen Herzogthümern Jülich, Cleve und Berg . . . , Düsseldorf 1821—23, Nr. 1550); VO. vom 27. April 1744 (Scotti a. a. O. Nr. 1561).

drakonischen Strafandrohungen greift, wie sie übrigens auch von anderen aufgeklärten Fürsten dieser Zeit ausgesprochen wurden[40]). Schwere, bisher nicht in Übung gewesene qualifizierte Todesstrafen werden angedroht. Je nach Ausführung des Verbrechens soll der
S. 15 Täter nach dem alten Grundsatz „Auge um Auge, Zahn um Zahn" entweder mit glühenden Zangen, durch Rädern von oben und von unten, durch Vierteilen und lebendig Verbrennen, zu Tode gebracht werden. Nur solche Maßnahmen erschienen ihm geeignet, die Untertanen vor der Geißel der brennenden und mordenden Diebes- und Räuberbanden zu schützen. Ob sie in der Praxis je angewandt wurden, muß dahingestellt bleiben. Da keine Akten für die Zeit nach 1744 vorhanden sind, kann es nicht nachgeprüft werden. Nicht einmal zur Zeit der uneingeschränkten Herrschaft des Talionsprinzips, als die Verurteilung der Verbrecher zu ähnlich schweren Strafen gang und gäbe war und überall als gerecht empfunden wurde, haben Schultheiß und Schöffen derart schwere Strafen verhängt. Als aber die Aufklärung im 18. Jahrhundert bereits weite Kreise der Bevölkerung erfaßt hatte, mußten diese drakonischen Maßnahmen auf Unverständnis stoßen, wodurch das Urteil bereits über sie gesprochen war[41]).

Nicht unwahrscheinlich ist, daß der noch junge Fürst zur Zeit des Erlasses dieser Verordnungen nicht nur von Preußen, sondern auch stark von den seinem Lande Neuburg benachbarten Bayern beeinflußt war, dessen Krone er einst tragen sollte und das noch im Jahre 1751 den „Codex juris criminalis Bavarici" hervorbrachte[42]), von dem gesagt wird, daß er „dem Geiste der Aufklärung widerstand und mit bäuerlicher Zähigkeit am alten Aberglauben der Hexerei und Zauberei festhielt"[43]).

S. 16 In den nun folgenden Jahren bemühte er sich sehr um eine gerechte Rechtspflege. Seine Justizbeamten sollten „mehr humane als strenge Richter" sein und mehr das allgemeine Beste und das Wohl der Untertanen, als ihren privaten Eigennutz im Auge haben[44]). Seine einschneidendste Maßnahme auf dem Gebiete der Strafrechtspflege war die Abschaffung der Tortur durch die Verordnung vom

---

[40]) VO. vom 27. April 1744 (Scotti a. a. O. Nr. 1561). Wie Wächter, a. a. O. S. 147/48 annimmt, hat diese VO. das Brandenburg-Preußische Edikt von 1736 zum Vorbild, in dem ähnlich schwere Strafen zu finden sind.

[41]) Hierzu Wächter a. a. O., S. 148: „Sollte nun der Richter solche Gesetze unbedingt anwenden? Bei manchen geschah es, aber nur solange sie neu waren; andere waren geradezu totgeborene Erzeugnisse, nicht einmal in ihrer Neuheit wurden sie beobachtet. Die meisten dieser flickenden, von den Eingebungen des Augenblicks hervorgerufenen, ohne gehörigen Überblick und ohne Beachtung ihres Verhältnisses zum gesamten Rechtszustand, in den sie eingreifen sollten, gegebenen Gelegenheitsgesetze, wurden von der Macht der Praxis bald zu Grabe getragen."

[42]) Codex juris Bavarici criminalis de anno 1751 (Druck München 1807). Durch VO. vom 2. Dezember 1778 wurde der Codex auch in den Herzogtümern Neuburg und Sulzbach, den Stammesherzogtümern Karl Theodors, eingeführt (Wächter a. a. O., S. 155).

[43]) Ausspruch Holtzendorffs. Siehe Fischl, Der Einfluß der Aufklärungsphilosophie auf die Entwicklung des Strafrechts, Breslau 1913, S. 3.

[44]) Lipowsky a. a. O., S. 41.

2. November 1776[45]). Karl Theodor kam zu dem Entschluß, die Tortur abzuschaffen, nachdem er die Meinungen seiner Landstände und gelehrten Untertanen eingeholt hatte. Die Verordnung besagt, daß die Tortur gegen den Inquisiten wegen seiner eigenen Verbrechen nicht mehr angewandt werden dürfe, außer in den Fällen des Hochverrats, wie auch schwerer Beleidigung Gottes. Zur Entdeckung der Mitschuldigen und sonstiger Umstände, an deren Wissenschaft dem Landesfürsten wesentlich gelegen war, durfte die Tortur bei Vorliegen von „delictis gravioribus" angewandt werden. An Stelle der Tortur erhielten in der Folge die Zeugenaussagen bei der Überführung des Täters erhöhte Bedeutung.

Ein Hauptaugenmerk richtete Karl Theodor auf die Verbrechensprophylaxe. Zur Verhütung des Kindermordes sollten alle verdächtigen unverheirateten Personen von den Ortsbeamten beobachtet und unter Umständen von vereideten Hebammen untersucht werden[46]), durchziehende nicht gehörig legitimierte Personen sollten ebenfalls beobachtet und ihnen der Aufenthalt im Herzogtum nicht gestattet werden. Über diejenigen Einwohner, die bereits wegen eines Verbrechens in Untersuchung gesessen hatten, mußte ein Verzeichnis angelegt werden[47]) „Zur vollständigen Erreichung und Erhaltung der Landessicherheit" sollten die unbekannten Bettler, Krämer, Gängler und anderen Vagabunden zur Schanzarbeit geführt werden[48]). Ja schließlich wurde zur Erfassung möglichst aller dieser S. 17
Müßiggänger, die die Hauptquelle der Verbrechen bildeten, Belohnungen ausgesetzt[49]). Die Errichtung eines Arbeits- und Spinnhauses diente ebenfalls dazu, durch Bekämpfung des Müßigganges allen Verbrechen den Boden zu entziehen[50]). Die französische Revolution mit der Besetzung der Herzogtümer Jülich-Berg im Jahre 1794 setzte seinem segensreichen Wirken ein jähes Ende.

I. Kapitel.

Die Gerichtsverfassung.

A. Die Gerichtspersonen.

Während der ganzen Dauer seines Bestehens war das Kriminalgericht besetzt mit einem Schultheißen als Vorsitzenden und durch-

[45]) Jülich-Berg. Hofrat I: Generalia Nr. 167. Siehe auch Bewer, Sammlung einiger bei den Jülich-Berg. Dikasterien etc. Bd. IV, S. 73 ff. Auch Kuhl, Bd. 3, S. 257.

[46]) VO. vom 17. Dezember 1743 (Scotti a. a. O., Nr. 1543).

[47]) VO. vom 27. April 1745 (Scotti a. a. O., Nr. 1583).

[48]) VO. vom 11. Februar 1763 (Scotti a. a. O., Nr. 1924).

[49]) VO. vom 11. Februar 1763 (Scotti a. a. O., Nr. 1924: Für die Aufgreifung eines Vagabunden wird eine Prämie von 2 Rthlr. gewährt, und wenn der Verhaftete wegen seiner Verbrechen zum Tode verurteilt wird, ist außerdem eine Belohnung von 6 Rthlr. aus dem Steuerfonds zu zahlen).

[50]) Spinnhaus in Düsseldorf, 1755. VO. vom 10. September 1759 (Scotti a. a. O., Nr. 1866). Das Arbeitshaus war dem Zuchthaus in Kaiserswerth angegliedert. Nach der VO. vom 18. September 1771 (Scotti a. a. O., Nr. 2070) sollen alle Vagabunden und fremde Bettler in diesem Arbeitshaus untergebracht werden. — Über die Errichtung und die Einrichtung des Spinn- und Zuchthauses siehe unten unter Kap. 4: Strafvollzug.

weg sieben Schöffen als Beisitzern. Es wurden auch verschiedene Male acht Schöffenstellen besetzt. So ergibt sich aus einer Urkunde vom 17. Oktober 1710, daß die durch den Tod des Hofkammerherrn Fromartz erledigte achte Schöffenstelle dem Rat und Referendarius Lic. Peter Nicolas Fabry übergeben wird. Dieser hatte den Herzog gebeten, ihm die erledigte Schöffenstelle unter Verzicht auf Gehalt und alle Sporteln zu geben[51]). Der Herzog war jedoch nicht gewillt, die achte Schöffenstelle für dauernd einzurichten, denn er übergab Fabry bereits durch Schreiben vom 7. Mai 1725 eine andere erledigte
S. 18 Schöffenstelle „undt ist dadurch die ahnzahl dortiger scheffen auff sieben einzuschränken gdst. bewogen worden"[52]).

Alle Gerichtspersonen, zu denen auch der Stadt- und Kriminalgerichtsschreiber, dem die Aufnahme des Protokolls der Sitzungen oblag, gehörte, waren jülich-bergische Beamte. Nach dem Privileg von 1475[53]), das hin und wieder erneuert wurde[54]), konnten Schultheiß und Schöffen, wie auch alle anderen Beamten nur aus qualifizierten Landeskindern entnommen werden. „Ouch sollen ind willen wir unse vurß. Landt ind Ambten bestellen ind regieren mit unsen undersaißen unß vurß. Landts und nit mit frembden, ind of wir sulches heren boven deden, den en sall man doch nich durffen gehorsam syn." Auf diese Bestimmung wird auch in den Präsentationsschreiben immer wieder hingewiesen[55]). Schultheiß und Schöffen mußten „vollkommenen Alters", ehelicher Geburt, fromm, ehrbar und wohl beleumundet sein. Außerdem mußten sie zu dem ihnen anzuvertrauenden Amte genugsam qualifiziert sein. Die Schöffenstühle wurden altem Herkommen gemäß und dem katholischen Charakter der Stadt entsprechend nur mit Katholiken besetzt. Lediglich während der Regierungszeit Wolfgang Wilhelms war ein Reformierter Keuschenius von 1612 bis 1636 Mitglied des Gerichts. Als nach Anfrage des Geheimen Rats Robertz vom 14. November 1711 wiederum ein Reformierter eine erledigte Schöffenstelle erhalten soll, verweigern dies Schultheiß und Schöffen unter Berufung auf die alten Privilegien[56]).

In den meisten Fällen besaßen Schultheiß und Schöffen eine juri-
S. 19 stische Vorbildung. Sie hatten entweder eine Hochschule absolviert und trugen dann den Titel „Licentiat", oder sie hatten promoviert und hießen dann „doctores". Notwendig war ein solches Studium jedoch nicht. Eine mehrjährige Lehr- und Ausbildungszeit bei einem

---

[51]) Vgl. Chur-Pfälzischer Hoff- und Staatskalender der Jahre 1755; 1772; 1783. Über die achte Schöffenstelle siehe St. A. J. Bd. 34 Nr. 96.

[52]) Urkunde St. A. J. Bd. 34 Nr. 97.

[53]) Siehe Scotti a. a. O., Nr. 591. Auch v. Below, Die Reception, S. 72 ff., welcher auch feststellt, daß das gleiche Recht auch anderwärts bestand (Bayern, Prag).

[54]) So noch im Hauptrezeß vom 5. November 1672, § 10 (Scotti a. a. O., Nr. 591): „Alle Landes-, Regierungs-, Hof- u. a. Aemter sollen mit tüchtigen Eingeborenen besetzt werden."

[55]) Präsentationsschreiben (Copien) befinden sich in großer Anzahl im St. A. J. Bd. 34.

[56]) St. A. J., Bund 34 Bl. 81—86. Siehe auch Kuhl a. a. O., Bd. 4, S. 260.

Gerichtsschreiber oder Schöffen oder auch als Advokat genügte[57]). Bisweilen wurde es mit der Qualifizierung nicht genau genommen. Selbst der Leibarzt des Herzogs erhielt einmal eine offene Schöffenstelle. Dies ist um so verwunderlicher, als der Leibarzt stets in Düsseldorf anwesend sein mußte und seine Schöffenstelle nicht wahrzunehmen vermochte.

Bei Besetzung eines freien Schöffenstuhles hatte das Gericht innerhalb eines Monats zwei oder drei qualifizierte Personen dem Herzog oder seinem Rate zu präsentieren[58]). Maßgebend sollte allein die Tauglichkeit des Kandidaten, nicht aber Verwandtschaft oder Freundschaft mit den Mitschöffen sein. Nicht immer wurde diese Bestimmung, die ein unparteiisches Verfahren gewährleisten sollte, eingehalten. Schultheiß und Schöffen suchten die verwaisten Stühle mit ihren Söhnen, Schwiegersöhnen und anderen Verwandten zu besetzen. Wahre Schöffengeschlechter sind die notwendige Folge gewesen[59]). Die Ernennung erfolgte durch den Herzog, der den ihm Genehmen heraussuchte. Hielt der Herzog die Vorgeschlagenen nicht für genügend qualifiziert, oder hatte das Gericht die Monatsfrist versäumt, so war er berechtigt, von sich aus einen Schöffen zu ernennen. Gerade diese letztere Bestimmung läßt erkennen, welchen
großen Einfluß der Herzog und seine Räte auf die Besetzung des *S. 20*
Kriminalgerichts hatten. Das Vorschlagsrecht des Gerichts war fast bedeutungslos, konnte doch jederzeit der Herzog die Vorgeschlagenen als ihm nicht genehm ablehnen und von sich aus einen Schöffen ernennen. In der Praxis erfolgte der Eingriff des Herzogs noch offensichtlicher, indem er den präsentierenden Schöffen befahl, eine bestimmte Person, die sein Vertrauen genoß, auf die Liste zu setzen[60]). Die Schöffen brauchten ihr Amt nicht persönlich wahrzunehmen. Sie konnten sich in allen ihren Amtshandlungen vertreten lassen, wenn sie dazu die Erlaubnis des Herzogs eingeholt und erhalten hatten[61]).

---

57) St. A. J., Bund 34 Bl. 37 vom 25. März 1693.

58) Die Ladung der Schöffen zu der Wahl des neuen Schöffen mußte nach althergebrachter Übung schriftlich erfolgen und so zeitig, daß alle Schöffen genügend Zeit hatten, sich auf die Wahl vorzubereiten. Die Abgabe der Stimme konnte bei Verhinderung auch schriftlich erfolgen. (St. A. J., Bund 34 Bl. 40—50.) Da die Schöffen des Hauptgerichts Jülich von altersher das Präsentationsrecht hatten, blieb es ihnen auch nach dem Hauptreceß von 1672 weiter erhalten: Scotti a. a. O., Nr. 591, § 12: „Die Städte und Flecken, welche das Recht zur Wahl und Präsentation von Scheffen und Raths-Stellen besitzen, sollen dabei erhalten werden."

59) Siehe hierüber Kuhl a. a. O., Bd. 3, S. 260.

60) Urkunde St. A. J., Bund 34 Bl. 40: „Lt. Cloet gibt gleich Dr. Andre sein votum Lt. Gulich etc. (. . .) und weilen ihre churf. dchl. gst. befohlen auff den procuratoren Schene bey repetirung der präsentation unterthenigst zu reflectieren, alß thäte derselbe auch hiemit zu unterthänigsten respect hochgen. decreti ihme Schene presentiren."

61) Urkunden St. A. J., Bund 34 Bl. 7: Wolfg. Wilhelm ernennt Adam Codonaeus zum Verwalter der Schöffenstelle seines Vaters. Bl. 33: 12. Februar 1691: Andre de Neheim, der nach Düsseldorf als Arzt gerufen wurde, substituiert den Schultheißen und Mitschöffen Lic. Ricker „daß er Lic. Rikker sein Dr. Andre de Neheim stelle nach inhalt ihres churf. dhl. gdsten. befelchß in omnibus et singulis casibus et actibus scabinalibus et magistratus vertreten, undt alles daß jenig thun undt verrichten moge, waß erm. Andre wan in loco persönlich gegenwärtig prestiren würde."

Meist baten sie um die Vertretungserlaubnis durch ihren Sohn, der damit praktisch schon die Schöffenstelle innehatte und mit Sicherheit darauf rechnen konnte, bei Abgang seines Vaters die Stelle endgültig zu erhalten. Meist aber ließ der Vater es nicht auf seinen Tod ankommen, sondern bat den Herzog, seinem Sohn die Stelle abtreten zu können, eine Bitte, die selten abgeschlagen wurde[62]). Die ernannten Schöffen hatten ihr Amt auf Lebenszeit inne[63]), doch konnten sie bei schweren Amtsverfehlungen vom Herzog abgesetzt werden[64]). Einer Residenzpflicht unterlagen Schultheiß und Schöffen zunächst nicht. Es genügte, wenn sie ihre Amtsgeschäfte rechtzeitig
S. 21 wahrnahmen. Unter dem 10. Oktober 1710 erging dann die VO. „daß die außer Gulich wohnende Scheffen zu mehrerer beobachtung der justiz in civilibus quam criminalibus binnen der stadt Gulich inner 14 Tagen Zeit sich domiciliiren sollen"[65]).

Die Schöffen erhielten ein festes Gehalt. Um das Jahr 1720 betrug das Gehalt 100 Rthlr., eine Summe, die bis zur Auflösung des Kriminalgerichts beibehalten wurde[66]). Gemessen an der Kaufkraft des Geldes kann das Einkommen als reichlich angesehen werden, zumal noch die Sporteln hinzukamen[67]). Die Sporteln wurden von der Regierung festgesetzt; doch nicht selten kam es vor, daß die Schöffen sich einfach über die festgesetzten Taxen hinwegsetzten. Die Erklärung zu einem solchen Verhalten ist in den manchmal recht teuren Zeiten zu suchen. Recht interessant ist daher eine Prozeßakte des Jahres 1713, in der ein Schreiben des Herzogs die geltend gemachten Kosten rügt[68]). Es wird beanstandet, daß die Schöffen „in so geringer und in weniger acten bestehender sachen ahn sporteln sechs rthlr., für ein bericht $1^{1}/_{2}$ rthlr., so dann zu abstattung der scheffen guthachten drey tagh oder terminen gemacht, dahe doch so geringe sache bey einer convocation hette können und müssen abgemacht werden, dahero einer von einem termin jedem scheffen schultheiß undt gerichtsschreiber acht blaffert, für den bericht vieren rthlr. undt pro sportulis vier rthlr. passieren lassen undt solche executive einzufordern, wurcklich verordnet, auch mithin ggst. ahnbefehllend ins künftig mit aussetzung dergleichen designationen mehr bescheidenlicher vnd ordnungsmäßig unter 50 ggld. straf toties quoties zu verfahren". Die Schöffen antworteten, es sei bisher üblich gewesen, daß jede Gerichtsperson 42 Albus pro termino erhalten habe. Da an Stelle des „processus accusatorius" der Inqui-

62) Urkunde St. A. J., Bund 34 Nr. 2 vom 29. April 1631 und Nr. 7 vom 29. April 1674.
63) Schöninghi a. a. O., S. 44.
64) Maurenbrecher a. a. O., S. 150.
65) Urkunde St. A. J. vom 10. Oktober 1710 (Bund 34 Nr. 76).
66) Kuhl a. a. O., Bd. 2, S. 177.
67) Nach den Angaben Kuhls (a. a. O., Bd. 2, S. 176/77 kostete ein fünfpfündiges Schwarzbrot zu dieser Zeit 4 Albus, also den 20. Teil eines Rthlr. Für einen Offizier wurden monatlich 2 Rthlr. Quartierkosten gerechnet. Zum Quartier gehörte Bett, Feuer und Licht.
68) Hauptgericht Jülich Nr. 166 (1711/13).

sitionsprozeß getreten sei, sei man der Meinung gewesen, wegen S. 22
der größeren Beschwerlichkeit dieses Verfahrens pro termino und person 1/2 Ggld. festzusetzen. Wir sehen, daß die Regierung nicht gewillt war, die eigenmächtigen Handlungen ihrer Schöffen ohne weiteres in Kauf zu nehmen, sondern im Gegenteil sich bemühte, eingerissene Übelstände abzustellen, wenn sie Kenntnis von ihnen erhielt.

Diese Vorausetzungen für das Amt des Gerichtsschreibers waren dieselben wie für das Schöffenamt. Der Kandidat mußte „in formierung der decreten undt abhörung der zeugen, sodan der gerichtsschreiberey ordtnung genugsam erfahren sein"[69]). Er hatte bei der Anstellung den Gerichtsschreibereid zu leisten. Der Gerichtsschreiber hatte grundsätzlich sein Amt in persona auszuüben. War er verhindert, sein Amt ordnungsmäßig auszuüben, so konnte er dem Herzog einen Substituten vorschlagen, der dieselben Voraussetzungen für das Amt erfüllen mußte wie der Gerichtsschreiber selbst[70]). Nicht selten erhielt der Substitut nach dem Abtreten des Gerichtsschreibers dessen Stelle. Außerdem war es „von alters herbracht, daß auff nothfall deme gerichtsschreiber iemandt in seinen ambts geschäften assistiert, bey gerichtsschreibers anderweitige Verhindernuß . . .„[71]). Dieser Assistent, Protocollist genannt, wurde ebenfalls vereidet und mußte qualifiziert sein.

Der Gerichtsschreiber hatte nicht nur die Sitzungen wahrzunehmen, sondern auch drei Bücher zu führen: 1. einen Terminkalender, in dem die mündlich eingereichte Klage vermerkt und beschrieben wurde, 2. ein Buch, das alle Ausgänge, Verzüge und Verträge, welche vor Gericht und vor den Schöffen verhandelt worden waren, enthielt, und 3. ein Amtsbuch. Bei Besichtigungen von erschlagenen Personen hatte er zugegen zu sein und war außerdem als Beamter verpflichtet, alle ihm zu Ohren kommenden Straftaten anzuzeigen, damit diese verfolgt werden konnten[72]).

Richter, Schöffen und Gerichtsschreiber hatten einen feierlichen S. 23
Eid mit der Anrufung Gottes und der heiligen Evangelien zu leisten[73]).

Alle Amtleute hatten jederzeit dem Richter Rechtshilfe zu leisten[74]). Eine Gerichtsperson konnte nicht Richter und Fürsprecher

[69]) Urkunde St. A. J. vom 25. März 1693 (Bund 34 Nr. 37).

[70]) Urkunde St. A. J. vom 11. Oktober 1690 (Bund 34 Nr. 31). Urkunde vom 28. September 1636 (Bund 34 Nr. 3).

[71]) Urkunde St. A. J. vom 10. Oktober 1713 (Bund 34 Nr. 90).

[72]) Gerichtsschreiberordnung S. 141 ff. Die Anzeige hatte an den Amtmann oder den Brüchtenmeister zu erfolgen.

[73]) Der Eid ist uns nicht erhalten. Wahrscheinlich wurde der Eid gemäß Kap. 12 der Ordnung des gerichtlichen Prozeß abgelegt. Für Düren siehe Schoop, Quellen z. Rechts u. Wirtschaftsgeschichte d. rhein. Städte. Jülichsche Städte: Düren (Publ. d. Ges. f. rhein. Geschichtskunde XXIX), S. 190 Nr. 106, der einen Schöffeneid aus dem 16. Jahrhundert anführt.

[74]) Ordnung unseres Wilhelms Hertzogen zu Gülich etc: Wie Ambtleuth und Befelchhaber in Bedienung ihrer Aemter sich zu verhalten. Abdruck in der 1696 erschienenen Ausgabe der Gülich und Bergischen Polizey-Ordnung S. 68 ff.

zugleich sein[75]). Das Amt des Fürsprechers war ein vom Herzog besonders zugelassenes Amt. Die Forderung nach Fürsprechern wurde erst um die Wende des 15. Jahrhunderts gestellt[76]). Bis zu diesem Zeitpunkt waren Schöffen die Vertreter von Beklagten, die selbst nicht in der Lage waren, sich ordnungsmäßig zu vertreten. Damit war aber der Rechtsbeugung Tür und Tor geöffnet. So heißt es in den Gerichtsgebräuchen von Montjoie 1516: „Item so auch die scheffen vursprecher geweist sint, ist aifgestalt, ind der here sal geswoiren vurspreicher an die banck stellen, die ouch ihren geordinirten loen haven sullen"[77]). Es werden daher nur genügend qualifizierte Prokuratoren als Berater des Beklagten und ebensolche Advokaten, als Fürsprecher nach Ableistung eines Eides vom Herzog ernannt[78]). Der Beklagte konnte die Beiordnung eines Prokurators und Advokaten „ex officio" verlangen[79]). Sie hatten das Berufsgeheimnis zu
S. 24 wahren, vor Gericht Ehrbarkeit zu gebrauchen und Richter und Schöffen bei Verteidigung eines Beklagten nicht zu „lästern". Ihre Vorbildung war eine rein praktische, bis im Jahre 1767 für die Advokaten die herzogliche VO. erging, daß künftig nur solche Anwärter zur Advokatur zugelassen würden, die wenigstens ein Jahr auf der Universität Heidelberg studiert hatten[80]). Für Prokuratoren ist eine gleiche Bestimmung nicht ergangen.

Am Hauptgericht Jülich waren 4 Prokuratoren beschäftigt, während die Untergerichte nur 2 Prokuratoren anstellen durften[81]). Die Prokuratoren konnten sich um eine freigewordene Stelle bei der herzoglichen Regierung bewerben, die ihre Eignung prüfte, den Kandidaten approbierte und vereidigte. Kein Advokat und Prokurator durfte an dem Hauptgericht zugelassen werden, der diese Approbation nicht besaß[82]). Trotz der vielen Vorschriften, die den Schöffen das „advocieren" verbieten, ist diese Unsitte immer wieder eingerissen. 1698 werden die Schöffen erneut aufgefordert, die Schöffenstelle zu quittieren oder aber das „advocieren" zu unterlassen[83]). Die Schöffen verpflichten sich daraufhin, das „advocieren" zu unterlassen. Die Schöffenstelle war demnach wohl das einträglichere Amt.

---

[75]) Ordnung des gerichtlichen Prozeß Kap. 12.
[76]) Schöningh a. a. O., S. 47.
[77]) Schöningh a. a. O., S. 47.
[78]) Ordnung des gerichtlichen Prozeß Kap. 7. Vgl. auch St. A. D., Jülich-Berg II, Nr. 1329 Bl. 196/97.
[79]) Inquisitionsreceß Art. 12 (siehe auch Hauptgericht Jülich Nr. 132 von 1689, woraus zu ersehen ist, daß die Beiordnung eines Advokaten auch vor Erlaß des Inquisitionsrecesses bei Vorliegen der genannten Voraussetzungen üblich war).
[80]) VO. vom 22. September 1767 (Scotti a. a. O., S. 2013).
[81]) Über die Zahl „vier" siehe Urkunde St. A. J. vom 16. Februar 1693 (Bund 34 Nr. 35). Bezgl. Unterscheidung von Advokat und Prokurator siehe Hauptgericht Jülich Nr. 193 aus 1730.
[82]) Gegen den Mißbrauch ergingen von Zeit zu Zeit verschärfte VO.: VO. vom 21. Oktober 1683 (Scotti a. a. O., Nr. 704), wo es heißt: „Künftig sollen keine Advocaten und Procuratoren bei den Amtsverhören, Unter- und Hauptgerichten zugelassen werden, welche nicht vorher examiniert, beeidigt, und vom Landesherrn approbirt sind." Siehe auch VO. vom 7. Mai 1697 (Scotti a. a. O., Nr. 856) und vom 25. Januar 1698 (Scotti a. a. O., Nr. 870).
[83]) Urkunde St. A. J. vom 20. Februar 1698 (Bund 34 Nr. 65).

Als letzter Beamter des Hauptgerichts erscheint der Bote. Der Bote hatte zunächst die Aufgabe, Ladungen sowohl den Parteien als auch den Zeugen zuzustellen[84]). Die erfolgte Zustellung hatte er nach Tag und Stunde mit Unterschrift zu vermerken. Außerdem hatte er Verhaftungen vorzunehmen, die Untersuchungsgefangenen S. 25
und auch die Zivilgefangenen zu überwachen, für deren leibliches Wohlergehen gegen Bezahlung zu sorgen und schließlich auch Strafgefangene zu überwachen.

B. Die örtliche und sachliche Zuständigkeit.

Die örtliche und sachliche Zuständigkeit des Kriminalgerichts Jülich ist in keiner Verordnung und keinem Edikt geregelt. Die Feststellung des Lagerbuches des Amtes Jülich von 1786, das „allinge delinquenten aus dem ganzen herzogtume anhero ad carceres et inquisitionem" geführt werden müßten, ist irreführend und führt zumindest in dieser allgemeinen Form zu falschen Ergebnissen[85]). Richtig ist diese Feststellung nur für die Zeit nach Einführung des Inquisitionsrecesses.

1. Örtliche Zuständigkeit.

Die Einteilung des Herzogtums in das unmittelbare und das mittelbare landesherrliche Gebiet hatte auch auf das Justizwesen entscheidenden Einfluß. Die unmittelbare Landeshoheit und damit auch die hohe Gerichtsbarkeit stand dem Herzog nur über das unmittelbare landesherrliche Gebiet zu. Dieses war in 34 Ämter eingeteilt, während das mittelbare landesherrliche Gebiet aus 42 Unterherrschaften bestand, in denen die Unterherren die volle Hochgerichtsbarkeit ausübten. Die Jülichschen Unterherren hatten die Zivil-, Fiskal- und Kriminalgerichtsbarkeit; sie durften Polizeiverfügungen erlassen, hatten Gebot und Verbot, und hatten schließlich das Recht, die erforderlichen Beamten einzusetzen[86]). So, wie die vom Landesherrn erlassenen Edikte und Verordnungen zunächst nur im unmittelbaren Gebiet Geltung erlangten und solche Edikte in den mittelbaren Gebieten nur dann in Kraft traten, wenn sie vom Unterherrn angenommen und publiziert worden waren, so hatte der Herzog auch S. 26
keinerlei weitergehende Rechte im Kriminalverfahren und konnte in dasselbe vor einem unterherrlichen Gericht nicht aus eigener Machtvollkommenheit eingreifen[87]). Die Urteile dieser Gerichte waren unanfechtbar. Der beschwerte Teil konnte sich an den Hofrat zu Düsseldorf nur wenden, wenn die Justiz verweigert wurde oder

---

[84]) Schöningh a. a. O., S. 47.

[85]) Lagerbuch des Amtes Jülich von 1786 (St. A. D.). Siehe auch Kuhl a. a. O., Bd. 3, S. 255.

[86]) Correns, Abhandlung über den vorzüglichen Unterschied zwischen den ehemaligen Landesrechten . . ., Köln 1826, S. 140. Handschriften aus der v. Fürth'schen Sammlung (St. B. Aachen): Zusammenstellung der Statutar- und Gewohnheitsrechte der freien Reichsstadt Aachen, S. 2 R.

[87]) Correns a. a. O., S. 146 ff.

ein Mangel vorlag, der die Nichtigkeit des Verfahrens zur Folge hatte. Dem Herzog stand jedoch nicht das Recht zu, nunmehr das Verfahren vor seinem landesherrlichen Hauptgericht zu eröffnen, sondern er mußte die Sache nach erhobener Beschwerde dem Unterherrn remittieren[88]).

Die Zuständigkeit des Kriminalgerichts Jülich konnte deshalb nur für die Delikte, die in den jülichschen Ämtern begangen waren und gegen Täter, die in diesen ertappt worden waren, gegeben sein. Zunächst wurden solche Kriminalsachen vor das Kriminalgericht gezogen, die innerhalb der Stadt und des Amtes Jülich bekannt wurden. Es handelt sich dabei hauptsächlich auch um solche Delikte, die von jedem anderen Untergericht eines Amtes hätten abgeurteilt werden können, wenn die Straftat in seinem Zuständigkeitsbereich geschehen, oder der Täter dort gefaßt worden wäre. Dies trifft namentlich für das Sühneverfahren bei Totschlag, Beleidigungen und unblutigen Schlägereien zu, deren Aburteilung nicht zur hohen Gerichtsbarkeit gehörte und von jedem, auch mit ländlichen, ungelehrten Schöffen besetzten Schöffenstuhl vorgenommen werden konnte. Selbstverständlich gelangten die ihrer Schwere wegen zur Hochgerichtsbarkeit gehörigen Sachen aus der Stadt und dem Amte Jülich an das dortige Kriminalgericht.

Die Stärkung der Zentralgewalt brachte das Bestreben der Herzöge mit sich, neben die Landesverwaltung auch die Rechtsprechung in Kriminalsachen ausschließlich unter ihre Kontrolle zu bringen. Sie erreichten es, indem sie die Prozesse von größerer Bedeutung an das landesherrliche Hauptgericht zogen, wobei ihnen seitens der ländlichen Schöffen kein nennenswerter Widerstand entgegengesetzt
S. 27 wurde, da diese sich im geltenden gemeinen Recht der Karolina nicht auskannten und froh waren, die schwierigen Sachen los zu sein. Die Herzöge bedienten sich hierzu des „generalanwaldts", dem sie durch „befelchschreiben" aufgaben, „von unsert- und ampts wegen an unserm hauptgericht Gulich zu recht" zu verklagen[89]).

Zahlreiche andere Gelegenheiten boten sich noch dem Fürsten, auch bereits an anderen Schöffengerichten des Landes anhängige Strafverfahren an sein Hauptgericht zu ziehen, von welchem Rechte er zwar nicht immer, aber doch in den meisten Fällen Gebrauch machte. Oft boten die Schöffen wegen „blutsverwandnuß, schwagerunnd gevatterschafft"[90]), Freundschaft oder Sippschaft[91]), oder weil der Beklagte selbst Schöffe war[92]), keine Gewähr für ein unparteiisches Urteil. Sie selbst, oder der Beschwerte berichteten dann an

[88]) Correns a. a. O., S. 153.
[89]) Als Beispiel für viele: Hauptgericht Jülich, Nr. 24 (1564/67).
[90]) Hauptgericht Jülich Nr. 27 (1564/66).
[91]) Hauptgericht Jülich Nr. 25, 2. Prozeß (1566).
[92]) Hauptgericht Jülich Nr. 48 (1589/97).

den Herzog, der dann die Zuständigkeit des Hauptgerichts begründete. Selten erhielt ein anderes Gericht als Jülich den Vorzug[93]). War der Kläger nicht in der Lage, den Beklagten an einem bestimmten Schöffengericht zu Recht zu stellen, weil dieser etwa keinen festen Wohnsitz hatte und von Ort zu Ort zog[94]), so wandte er sich an die herzogliche Kanzlei, die dann, für den Beklagten unanfechtbar, das Gericht bestimmte. Seiner großen Bedeutung wegen wurde das Kriminalgericht Jülich fast stets beauftragt .

Griff der Generalanwalt infolge Befehlschreiben des Herzogs eine Strafsache auf, so verklagte er die Täter stets am Kriminalgericht[95]). *S. 28* Da der Generalanwalt, wie im folgenden Kapitel „Das Strafverfahren am Kriminalgericht" noch eingehend besprochen werden wird, eingriff, wenn eine Straftat infolge eines „allgemeinen geschrey, leumuth oder gerucht" ruchbar geworden war, und da diese Delikte, für die sich sonst kein Ankläger fand, beträchtlich überwogen, so war es selbstverständlich, daß sich dadurch die Gewohnheit bildete, alle Kriminalsachen auch minderer Bedeutung, die an sich jedes andere Gericht verhandeln konnte, vor dem Kriminalgericht Jülich auszutragen, wodurch die Bedeutung der ländlichen Schöffengerichte nur noch sehr gering wurde. Die gewohnheitsrechtlich bereits festgelegte Zuständigkeit des Kriminalgerichts Jülich wurde durch die Einführung des Inquisitionsprozesses auch gesetzlich fixiert. Der Inquisitionsreceß brachte keine einschneidende Änderungen auf dem Gebiete der Zuständigkeit, er legalisierte eine fast ein Jahrhundert lang geübte Prozeßführung.

Der Strafgerichtsbarkeit des Haupt- und Kriminalgerichts unterlagen sowohl die inländischen als auch die ausländischen Verbrecher. Auf die Nationalität einzelner Verbrecher wurde keine Rücksicht genommen. Die einzige Voraussetzung einer Bestrafung ausländischer Täter war die Festnahme in einem Jülichschen Amt. So wurden im Jahre 1730 und dem folgenden Jahre Delinquenten aus Waldbreitbach und Montroyal, Gelderer und Brandenburger, Angeklagte aus Neuß und Venlo wegen im Herzogtum begangener Delikte bestraft[96]). War der Täter in eine Unterherrschaft oder ins Ausland geflohen, so konnte höchstens eine Verurteilung „in absentia" erfolgen. Betrat dann in der Folgezeit der Verurteilte wieder das Gebiet Jülichscher Ämter, so lief er Gefahr, verhaftet und der gerechten Strafe zuge-

---

[93]) Hauptgericht Jülich Nr. 25 (1566), Nr. 27 (1564), Nr. 48 (1589), Nr. 209 (1642): „weil die scheffen hiesigen (Düsseldorfs) unßerß stattgericht guten theilß dem verhaften mit freundschaft zugethan seint". Dieses Beispiel zeigt, daß auch peinliche Prozesse des Herzogtums Berg in Jülich auf Befehl der Regierung entschieden werden konnten. Nr. 2261 (1634): sogen. Kommissionssache. Der Kläger hat sich durch gewisse Handlungen des Vogtverwalters beleidigt gefühlt. Nr. 2269 macht eine Ausnahme. Hier erfolgt die Beauftragung an das Schöffengericht Gladbach, „weil dies factum zu Gladbach geschehen, die theter aber allhie zu Randerath unnd Wassenberg wohnhafft".

[94]) Hauptgericht Jülich Nr. 2207.

[95]) Hauptgericht Jülich Nr. 25, 1. Prozeß (1566), Nr. 41 (1583), Nr. 89 (1616).

[96]) Hauptgericht Jülich Nr. 190 (1730), Nr. 197 (1731).

führt zu werden. In gleicher Weise unterlagen Straftaten, die im Ausland begangen waren, der Strafverfolgung durch das Kriminalgericht. Ein Dieb, der im Jahre 1616 bei der Begehung eines Dieb-
S. 29 stahls aufgegriffen worden war und bekannt hatte, zu Kettenis im Land von Limburg seinem Oheim „ein halb weiß wullen lacken" gestohlen zu haben, wird deswegen von dem Kriminalgericht bestraft. Ebenso wird im Jahre 1730 ein Dieb, der im Herzogtum bei einem Diebstahl ertappt worden war, auch wegen zu Cochem und Kreuznach begangener Diebereien bestraft[97]).

Sehr selten allerdings wird das Kriminalgericht Kenntnis davon erlangt haben, daß ein landesherrlicher Untertan oder ein fremder, der sich vorübergehend im Lande aufhielt, eine strafbare Handlung im benachbarten Auslande begangen hatte. Doch waren umherstreifende und vagabundierende Bettler und Landstreicher von vornherein verdächtig und unterlagen schon ihres verdächtigen Treibens wegen der Bestrafung, wenn ihnen eine andere, mit schwererer Strafe als das Vagabundieren bedrohte Handlung nicht nachzuweisen war. In den meisten Fällen erhielt das Kriminalgericht bei der Folterung verdächtiger Täter Kenntnis von Verbrechen, die im Ausland begangen waren. Denn bei der Folterung versuchte man ein möglichst umfassendes Geständnis des Täters zu erzwingen.

2. Die sachliche Zuständigkeit.

Die sachliche Zuständigkeit erstreckte sich auf fast alle Delikte, die der Hochgerichtsbarkeit unterlagen, während die zur niederen Gerichtsbarkeit gehörenden Delikte in Jülich durch den Magistrat, in den Ämtern durch die örtlichen Schöffenstühle zur Aburteilung gelangten[98]). Im einzelnen ergibt sich aus den Kriminalakten die Zuständigkeit des Kriminalgerichts für Landfriedensbruch, Bruch der Urfehde, Mord, Totschlag, Diebstahl, Raub, „blutige Wunden", Raufhändel und Sittlichkeitsdelikte jeglicher Art. In gleicher Weise gelangten die im Lande betroffenen Zigeuner und Vagabunden beim Kriminalgericht zur Aburteilung. Die Delikte des Hochverrats unterlagen jedoch nicht der Gerichtsbarkeit des Schöffengerichts. Sie wurden entweder von der Regierung oder einem Militärgericht ab-
S. 30 geurteilt[99]). Auch die Verbrechen wegen Landesverrat, namentlich die durch zahlreiche Verordnungen verbotene Annahme von Kriegsdiensten, unterlagen der Aburteilung durch die jülich-bergische Regierung zu Düsseldorf[100]). Schwere Strafen, vor allem die Konfiskation des Vermögens, drohten dem Übertreter dieser Verordnungen.

[97]) Hauptgericht Jülich Nr. 89 (1616), Nr. 190 (1730).

[98]) Die Ausnahmestellung für Düren ist in den „Materialien" und bei Schoop a. a. O., behandelt.

[99]) Kuhl a. a. O., Bd. 2, S. 156.

[100]) VO. vom 20. Januar 1571 (Scotti a. a. O., Nr. 85). VO. vom 11. September 1633 (Scotti a. a. O., Nr. 267). VO. vom 19. November 1654 (Scotti a. a. O., Nr. 427) und weitere zahlreiche Erneuerungen dieses Gesetzes. Siehe auch Hauptgericht Jülich Nr. 162 (1709).

Langwierige Kompetenzstreitigkeiten hat es dann nur noch zwischen den Sendgerichten und dem weltlichen Kriminalgericht gegeben. Das Herzogtum Jülich gehörte in kirchlicher Hinsicht zum Erzbistum Köln, und so kam es, daß die Sendgerichte von jeher dem Erzbischof von Köln unterstellt waren[101]). War die Jurisdiktionsbefugnis der Sendgerichte infolge der Lehnshoheit des Erzbischofs über den Jülicher Grafen im 12. Jahrhundert recht vielseitig[102]), so setzten im 13. Jahrhundert mit den Kämpfen der Grafen mit dem Erzbischof um die Erringung völliger politischer Autonomie auch die Kämpfe gegen die Kompetenzansprüche der vom Bischof kontrollierten Sendgerichte ein[103]). Die Machtkämpfe endeten bald zugunsten des Erzbischofs, bald zugunsten der Grafen. Ein für den Grafen Wilhelm ungünstiger Schiedsspruch um das Jahr 1242[104]) gestand dem Erzbischof die unbeschränkte Ausübung der geistlichen Gerichtbarkeit zu. Der Schiedsspruch vom 1. September 1306[105]) ergab schon eine einschränkende Bestimmung dahin, daß ihm die geistliche Gerichtsbarkeit nur über solche Fälle zustand, die geistliche Dinge betrafen, Klagen zwischen geistlichen Personen, Ehe- und Testamentssachen[106]). Die Vereinigung der beiden Herzogtümer Jülich-Berg und der damit verbundene Machtzuwachs brachte sogar *S. 31*
eine gewisse Entfremdung der Sendgerichte von der Kölner Kurie. Ursprünglich hielten die Archidiakone als Stellvertreter des Bischofs die Visitationen ab und führten den Vorsitz im Sendgericht. Jetzt gelangten die von den Archidiakonen ernannten Vertreter, die Dechanten, zu erheblichem Ansehen.

Die engen Beziehungen der Landdechanten zum Herzog[107]) wurden von diesem gegen die Stellung des Erzbischofs ausgespielt, und so bildete sich allmählich ein eigener ständiger Gerichtshof. Alle geistlichen Angelegenheiten wurden innerhalb des Landes erledigt[108]). Trotz mannigfacher Schikanen seitens des Erzbischofs[109]) mußte dieser doch endlich 1498[110]) die angemaßten Befugnisse der Jülicher Dechanten anerkennen. Der endgültige Schlußstrich unter diese langwierigen Kompetenzstreitigkeiten wird im Jahre 1551 mit dem Erlaß einer Sendgerichts-Ordnung gezogen[111]). Sie bestimmt die Zuständig-

---

101) Beiträge zur Geschichte von Eschweiler und Umgegend I, S. 193.
102) Redlich, Jülich-Bergische Kirchenpolitik (Publ. d. Ges. f. Rhein. Geschichtskunde XXVIII), Bd. 1, S. 27*.
103) Redlich a. a. O., Bd. 1, S. 16*.
104) Lacomblet UB, Bd. II Nr. 410.
105) Lacomblet UB, Bd. III Nr. 47.
106) Redlich a. a. O., Bd. 1, Beilage Nr. 7.
107) Redlich a. a. O., Bd. 1, S. 67*.
108) Beiträge zur Geschichte von Eschweiler und Umgegend I, S. 229.
109) Redlich a. a. O., B. 1, S. 68*: Dechant und Christianität beklagen sich 1481 beim Herzog, weil der Erzbischof die Jurisdiktion durch Mandate erschwert und Klagen in Sendsachen verbot, die sie bisher „in langem Gedenken" zum Besten der herzoglichen Untertanen ausgeübt hätten.
110) Redlich a. a. O., Bd. 1, S. 70* und 71*.
111) Beiträge zur Geschichte von Eschweiler und Umgegend I, S. 229. Auch Scotti a. a. O., Nr. 44.

keit des Sends auf Erkenntnisse über Ehesachen, Testamente geistlicher Personen, sowie über Streitigkeiten zwischen geistlichen Personen. Gegenüber der bisherigen Übung wurde die Zuständigkeit auf „ketzerey, verdambte secten, heimliche argwehnige beykombsten und schulen" erweitert[112]).

Die Zuständigkeit der Sendgerichte war für die genannten Fälle jedoch keine ausschließliche. Da die Sendgerichte den Übeltäter nur mit einer kirchlichen Strafe belegen konnten, blieb es den weltlichen Gerichten unbenommen, gegen die „ueberfahrer weltlicher straff,
S. 32 nach gelegenheit der uebertretung" zu verfahren[113]). Straftaten geistlicher Personen wurden von der kirchlichen Behörde abgeurteilt und unterlagen nicht dem weltlichen Gericht[114]). Das vor den Sendgerichten geübte vereinfachte accusatorische Verfahren[115]) brachte manche strafbare Handlung an den Tag, da die anzeigenden Schöffen nicht das Risiko eingingen, bei mißlungenem Beweis Kosten und Schadenersatz zahlen zu müssen. Manche Straftat, die sonst mangels Anzeige ungesühnt geblieben wäre, konnte so ihre gerechte Bestrafung finden. Die vor dem Sendgericht erfolgte Verhandlung bildete für das weltliche Gericht eine willkommene Unterlage zur Inanspruchnahme des Täters, denn die Amtleute, Schultheißen oder sonstigen Befehlhaber, die die Aufsicht im Sendgericht führten, waren vermöge ihrer Beamteneigenschaft und herzoglichen Befehls verpflichtet, alle ihnen bekannt werdenden Übeltaten dem Landesfürsten zu melden.

S. 33

II. Kapitel.

Das Strafverfahren.

A. Allgemeine Verfahrensregeln.

Gerichtsstelle war das Rathaus, in dem nicht nur „das Gericht gehalten", sondern auch alle städtische Angelegenheiten, „dero statt notturfft" beraten wurden. Dies ist insbesondere bereits aus der Eingabe des Magistrats an den Herzog aus dem Jahre 1575 zu ersehen,

---

[112]) § 7 der gen. Sendgerichtsordnung.

[113]) Durch VO. vom 8. Juli 1525 (Scotti a. a. O., Nr. 21) wurde die Verhängung von Geldstrafen durch das Sendgericht verboten, weil sie zu „vielerley schätzunge und schinderey des Volcks mißbraucht wird". In dem Provisionalvergleich zwischen Wolfgang Wilhelm und dem Erzbischof von Köln vom 28. Juni 1621 (Scotti a. a. O., Nr. 206, S. 78) heißt es: „Und ob gleich Vnsers Pfalzgrauen etc. Ambtleuthe vnd Befelchhaber vor dem Sendt die Vbelthat gestrafft hetten, so solle doch dardurch die begürliche Geistliche Straff, Buß vnnd Poenitentz dem Sendt nit verhindern, vnnd hinwiderumb vmb der vorgehender Sendtstraffen willen gegen die Veberfahrer mit weltlicher Straff . . . fortzufahren . . . dem Landtsfürsten nit benommen sein." Hauptgericht Jülich Nr. 198 (1734): Eine Klage wegen Bigamie stellt fest, daß „die kirchstraf den delinquenten a poena civile nicht eximire und sogar in dem provisional vergleich mit Chur-Cöllen in ausstrücklichen worten exprimirt, daß denjenigen, welche sich strafbahrlich copuliren lassen, vom landsfürsten mit gebührlicher straf belegt werden sollen und mögen, jedoch der geistlichen obrigkeit die cojection quoad personam et potestas dispensandi, wie auch gebührende geistliche straf verbleibe".

[114]) Hauptgericht Jülich, Nr. 150, Bl. 59 ff. (1730): Unzuchtsdelikt. Während das Mädchen vom Kriminalgericht abgeurteilt wurde, hatte sich der beteiligte Pfarrer vor der geistlichen Obrigkeit zu verantworten.

[115]) Die Schöffen werden durch Eid verpflichtet, alles das, was ihnen als vor das Sendgericht gehörig, bekannt geworden, zur Anzeige zu bringen. (Beiträge z. Geschichte v. Eschweiler u. Umgegend I, S. 200).

in der es heißt: „Als nach dem Gulichischen brand wir das raethauß, so rundtumb noch in seinen steinen gebelen, brandtmauern und verwelfften kelleren gestanden, vor jrst jns tagh zu stellen und folgenß mit der zeit den jnbawe machen zu laissen furgenommen, und aber darnach durch e. f. g. bawmeistern M. Alexander Pasqualein der statt burgerhauß an ein ander orth verordnet, also das wir hier alle jair ein new hauß, darin wir das gericht gehalten und dero statt notturfft beraetschlagt, haven . . ."[116]).

Der Gang des Verfahrens vor dem Kriminalgericht wird durch das Akkusations- und das Inquisitionsprinzip gekennzeichnet. Während die Karolina in den 6., 7., 8., 9. und 10. Artikeln das Inquisitionsverfahren von Amts wegen kennt, bevorzugt sie im übrigen einen Inquisitionsprozeß mit Anklageeinleitung. Das Verfahren vor dem Kriminalgericht spielt sich jedoch im 16. und auch noch bis zum Ende des 17. Jahrhunderts als Anklageprozeß in der Form des Zivilprozesses ab. Es war durchgehend schriftlich und daher recht umständlich, was jedoch nicht ausschließt, daß der Beklagte und die Zeugen von dem erkennenden Gericht mündlich vernommen werden. Das schriftliche Verfahren war eine der Hauptursachen für die lange Dauer mancher Prozesse. Oft starb der Beklagte eher, als das Verfahren gegen ihn zum endgültigen Abschluß gebracht war[117]). So dauerte ein Verfahren wegen Gebrauchs von falschen Maßen und Gewichten infolge geschickter Verteidigung des Beklagten von 1589 bis 1597. Der Beklagte wird schließlich verurteilt, „wegen ge- *S. 34*
prauchter unrichtiger bier maßen und gewichts auch mit furigch vermengtes verkaufftes brodts und widder verbott unnd satzungh abzuhawen holtz" dem Fürsten „abtracht" zu tun. Wenn auch nicht die Höhe der „abtracht" angegeben wird, so ist doch anzunehmen, daß sie die Höhe der durch die Dauer dieses Prozesses entstandenen Kosten von 501 Gulden 7 Albus cölnisch bei weitem nicht erreichte[118]). Ein Totschlagsprozeß, begonnen im Jahre 1566, endete erst im Jahre 1578. Eine Prozeßdauer von 5 bis 6 Jahren gehörte nicht zu den Seltenheiten[119]).

Das durch den Inquisitionsreceß in criminalibus 1695 eingeführte Inquisitionsverfahren sollte hier durchgreifende Wandlung schaffen. Das ist ihm nur zum Teil gelungen; die Dauer der Prozesse wurde, wie bereits früher ausgeführt, nur unwesentlich herabgesetzt. Im folgenden sollen nun das Geleit zum Rechten und die Beweismittel besonders behandelt werden, weil sie den beiden Verfahrensarten, sowohl dem Akkusations- wie dem Inquisitionsprozeß, bekannt und gemeinsam waren.

[116]) Kuhl a. a. O., 1. Bd., S. 59/60.
[117]) Siehe Praeambel zum Inquisitionsreceß in criminalibus.
[118]) Hauptgericht Jülich Nr. 48.
[119]) Hauptgericht Jülich Nr. 26 (1566—78), Nr. 44 (1584—1590).

Das Geleit.

Um dem flüchtigen Täter Gelegenheit zu geben, sich vor dem Kriminalgericht zu verteidigen und seine Unschuld zu beweisen, konnte ihm durch Verfügung des Herzogs auf seine Bitte hin das Geleit zum Rechten erteilt werden. Nicht jeder Delinquent hatte Anspruch auf Erteilung des Geleitbriefes, der ihn vor jeden Angriff bei Strafe des Landfriedensbruches schützte. Nur der Übeltäter durfte den Geleitbrief beantragen, der sich der Unschuld rühmte, oder der einen Unrechtsausschließungsgrund geltend machen konnte[120]). Der Herzog erteilte den Geleitbrief auch nur dann, wenn der Täter eine Kaution in bar oder durch Verpfändung geeigneter Liegenschaften zu stellen in der Lage war. Die Höhe der Kaution
S. 35 richtete sich nach der Schwere der abzuurteilenden Tat[121]). In Jülich war es üblich, das Geleit jeweils für die Dauer von drei Monaten auszustellen[122]), es konnte aber, falls sich die Beendigung des Prozesses länger hinzog, was fast immer der Fall war, verlängert werden. Der Brief wurde gegen Hinterlegung der Kautionssumme beim Rentmeister ausgehändigt[123]). Kommt der Beklagte der Zitation des Kriminalgericht nicht nach, so verfällt die Kaution, und zwar, falls es sich um einen Fiskalprozeß handelt, zugunsten des Herzogs, im anderen Falle zugunsten des Klägers. Dies schützte den Delinquenten jedoch nicht vor der gerechten Strafe, denn das Gericht war befugt, gegen ihn in absentia zu verhandeln, ihn antragsgemäß zu verurteilen und die Strafe, falls man des Täters habhaft wurde, gegen ihn vollstrecken zu lassen.

In Jülich konnte nicht nur Delinquenten, die sich auf freiem Fuß befanden, das Geleit erteilt werden, auch bereits in Haft befindliche konnten sich durch eine genügend hohe Kaution vor der weiteren Haft bewahren, wenn sie einer Tat bezichtigt wurden, die nicht mit Leibs- oder Lebensstrafe belegt war[124]). Obwohl diese Voraussetzung nicht gegeben war und der Kläger den Mangel der Voraussetzung rügt, wird der Beklagte in einem Falle von Kindesentführung gegen Kaution aus der Haft entlassen, aber wohl nur aus dem Grunde, weil die Schöffen die geringe Schuld des Beklagten aus den bereits gepflogenen Verhandlungen ersahen[125]).

Beweismittel.

Das Hauptbeweismittel im peinlichen Prozeß war, wie überall in Deutschland unter der Herrschaft der Karolina, das Geständnis des Beklagten. Gestand der Beklagte die ihm zur Last gelegte Tat ein,

---

[120]) z. B. Notwehr. Hauptgericht Jülich Nr. 102 (1654).
[121]) Hauptgericht Jülich Nr. 106 (1660): 100 Goldgulden. Nr. 102 (1654): 300 Goldgulden.
[122]) Hauptgericht Jülich Nr. 102 und 106.
[123]) Hauptgericht Jülich Nr. 102.
[124]) Froelich de Froelichsburg, Commentarius in Kaiser Karl V. etc. Halsgerichtsordnung, Innsbruck 1710, S. 79.
[125]) Hauptgericht Jülich Nr. 80 (1606).

so bedurfte es keiner weiteren Beweise mehr. Das freiwillige Geständnis brachte dem Delinquenten allerdings keinerlei Vorteile, die S. 36
angedrohte Strafe traf ihn in voller Härte. Erst unter dem Einfluß des Naturrechts im 18. Jahrhundert konnte der Beklagte mit einer Strafmilderung rechnen, wie umgekehrt sein Leugnen strafschärfend wirkte. Im Gutachten der Schöffen des Kriminalgerichts wird die mildernde Eigenschaft des Geständnisses zum ersten Mal in einem Prozeß des Jahre 1713 vermerkt[126]), und ein Urteil des Jahres 1730 stellt fest, daß der Beklagte neben anderen Umständen „seinem spontanen Bekenntnis" eine Milderung der Strafe verdanke[127]).

Gestand der Beklagte nicht freiwillig, so wurde er, wenn genügend Indizien vorhanden waren, der Tortur unterzogen. Das alte deutsch-rechtliche Jülicher Landrecht von 1537 kennt die Anwendung der peinlichen Frage nur in einem Falle, bei Verübung von Notzucht an einer Jungfrau[128]). In der von uns auf Grund der vorhandenen Kriminalakten verfolgbaren Zeit nach 1566 spielt die Folter dann eine ansehnliche Rolle. Hauptsächlich wird sie bei Einbruchsdiebstählen, Kirchendiebstählen und Straßenraub angewandt[129]). Die herzogliche Gesetzgebung befaßt sich jedoch erst im Inquisitionsreceß mit näheren Angaben über die Ausführung der Folterung[130]). Sie war hiernach durch Urteil auszusprechen und konnte dann erst ausgeführt werden, wenn es durch den Herzog selbst oder den jülich- und bergischen Hofrat approbiert worden war. Die Folterung wurde in drei Graden ausgeführt. Die leichteste Form war das Anziehen der Daumschrauben, der zweite Grad die spanischen Stiefel und der dritte Grad die Aufziehung des Delinquenten „hinterrucks mit denen gewichteren". Weiter enthält der Artikel 14 des Inquisitionsrecesses Vorschriften über die Reihenfolge der peinlich zu examinierenden Personen. Der Schwächste soll zuerst gefragt werden, da von ihm S. 37
am ehesten ein Geständnis zu erwarten ist, das Weib vor dem Manne, der Sohn vor dem Vater. Der körperlich beschädigte Angeklagte wird milder behandelt als der gesunde, Kranke dürfen überhaupt nicht gefoltert werden. Erst die Aufklärung bringt durch Karl Theodor, wie wir an anderer Stelle sahen, die Beseitigung der Tortur „in regula", und zwar bezüglich der eigenen Verbrechen eines Inquisiten. Sie wird jedoch beibehalten bei Verbrechen des Hochverrats und der schweren Beleidigung der göttlichen Majestät. In anderen „delictis gravioribus" soll sie lediglich zur Entdeckung der Mitschuldigen dienen[131]).

---

[126]) Hauptgericht Jülich Nr. 167 (1713).

[127]) Hauptgericht Jülich Nr. 190 (1730). Eine Verschärfung der Strafe wegen hartnäckigen Leugnens spricht das Urteil Nr. 179 (1720) aus.

[128]) Jülicher Landrecht von 1537 Art. 55.

[129]) Hauptgericht Jülich Nr. 25 (1566), Nr. 40 (1582), Nr. 42 (1584), Nr. 209 (1667).

[130]) Art. 14 des Inquisitionsrecesses.

[131]) St. A. D., Hofrat I Generalia Nr. 167. Siehe auch Scotti a. a. O., Nr. 2126. Bewer, Sammlung einiger bei den Gulich und Bergischen Dikasterien entschiedenen Rechtsfälle, Bd. IV, S. 73 ff.

Die Schöffen hatten in der Sententia, welche die „Torquierung" des Beklagten aussprach, die genauen Gründe und den Grad der Tortur anzugeben. Erkannten sie nur auf den geringsten Grad, die Daumschrauben, so war der Grund zu dieser Maßnahme zu belegen. So sind die Schöffen in einem Prozeß wegen Kindestötung durch das hohe Alter der wegen Beihilfe mitangeklagten Mutter einer Kindsmörderin durch die „in priore examine fingierte imbecilität" dazu veranlaßt worden, die Tortur „ad primum gradum" vorzuschlagen. Die Delinquentin hält jedoch der Tortur stand und die Schöffen sehen sich veranlaßt, in den Akten mitzuteilen, daß sie, wenn sie die Widerstandskraft der Inquisitin gekannt hätten, ohne Bedenken die Tortur „ad omnes gradus" zugelassen hätten[132]). Die Folterkammer befand sich im Turm an der Rur, der gleichzeitig Gefangenenturm
S. 38 war[133]). Sehr anschaulich schildert eine Akte des Jahres 1744 im Rahmen eines Diebstahlprozesses, das in der Praxis des Kriminalgerichts angewandte Verfahren[134]):

Schultheiß und drei Schöffen begaben sich in den Turm, wo der Beklagte festgesetzt war, und forderten „denselben vorläufig verschiedene mahlen gutlich auf, die wahrheit zu bekennen, fort super interrogatoriis torturalibus extra conspectum carnificis et instrumentarum torturae". Der Inquisit leugnet die ihm vom Schultheißen vorgelegten Fragen. Darauf „hat man denselben nochmahlen zu allem überfluß die wahrheit zu bekennen erinnert" und ihm bedeutet, daß man, wenn er nicht bekenne, „mit der scharfen frag" wider ihn verfahren werde. Der Inquisit ist aber „in negativis" bestanden. Darauf hat man „inquisitus den scharfrichteren vorgestellt, von diesen jenen die instrumenta torturalia vorlegen und bedeuten lassen wie solche ahn sein inquisiti leib appliciert werden sollten". Der Delinquent war aber auch hierdurch nicht zu einem Bekenntnis zu bewegen. Nun „ist demselben schuhe und strümpfe fort hemmet außzuziehen, dem scharfrichteren aber befohlen worden, inquisiten auf den folterstuhl hinzusetzen und gebührend zu binden mit anschraubung eines spanischen stiefels ahm linken bein, fort ahnspannung der zehen corden zu verfahren, und weilen inquisit sich zur bekäntnuß annoch nicht ahnschicken wollen, ist mit der ahnschraubung continuirt worden, als inquisitus nun der spanischen stiefel annoch nicht völlig zugeschraubet gewesen, hatt inquisit gerufen gern bekennen zu wollen".

Ein zweiter Inquisitus in derselben Angelegenheit ist standhafter. Über ihn berichtet dasselbe Protokoll weiter, daß er auch bei der

132) Hauptgericht Jülich Nr. 172 (1714). Über die drei Grade der Tortur siehe Nr. 207 (1744), wo es heißt: „die von alters her gewöhnliche drey gradus der tortura, nemblich durch applicirung beyder daumstöcken, anschraubung beyder spanische stiefeln und aufziehung mit denen gewichteren".

133) Siehe Hauptgericht Jülich Nr. 132 (1689), wo es heißt: „thurn an der Ruhrpforten". Im Lagerbuch des Amtes Jülich heißt es: „Hessenturm", auch „Gefangenenthürn" oder „Gefängnußthurn". (Siehe Kuhl a. a. O., Bd. 1, S. 249 und Bd. 3. S. 255).

134) Hauptgericht Jülich Nr. 205 (1744).

Anschraubung des zweiten spanischen Stiefels nicht hat bekennen wollen „und ist unter der ahnschraubung der stiefelen bemerket worden, daß inquisit nicht einmal so wehe, sondern zu uns gesagt, ich bitte euch durch die bittere passion unseres heylandts quälet mich mensch, der gantz ohnnösel ist, doch nicht so, und seye so ohnschuldig als gott und ein kind, das erstlich gebohren worden ist". Man hat die Tortur nunmehr unterbrochen und am nächsten *S. 39*
Tag fortgesetzt. Als er nicht gütlich bekennen wollte, wurde er entkleidet und auf die „reckbanck" gelegt „und nach ahngeschraubt gewesenen armen und beinen seynt demselben ingefolg ggsten. mandati 35 streich mit haselen gerden vor und nach auf den bloßen rücken gegeben worden, so derselb ausgehalten, ohn das mindeste zu bekennen". Am nächsten Tag wurde die Tortur erneuert: „und nach ausgespannten armen und beinen der rück mit voll gewarmten wasser gewaschen und abgerieben worden, es hatt aber derselb die in ggsten. mandaten enthaltenen 45 streich mit haselen gerden ohne etwas zu bekennen außgehalten, hiebey stehet zu bemercken obwohlen der scharfrichter auß allen kräften die streich ausgeteilt hat, ist annoch keine wund auf des inquisiten rücken entstanden und hat sich garnichts blutiges bezeiget, weßhalben ein jeder sich nicht gnugsamb bewundern können, umbsomehr alß ein soldath wan gassen laufen gleich sehr starck blute".

Statt den Inquisiten nach all der ausgestandenen Qual zu befreien, schlägt der anwesende Medikus Jacobi vor, „rathsamber seye, wan man denselben auf einen offenen stuhl hinsetzete, wohl festbinde, das membrum virile bedeckete und unter diesen stuhl gerade unter den hinteren einen dopf mit etwaigen feur hinsetzete, mithin das feuer denselben einigermaßen empfinden lassete, welches denselben keinen schaden zufügen könnte". Soweit der Bericht. Was weiter mit dem Inquisiten geschehen ist, ist nicht bekannt.

Gestand der Inquisit, so wurde ihm das Geständnis drei Tage später „extra locum torturae et conspectum tormentorum" vorgelesen[315]). Gewöhnlich blieb er in Anbetracht der ausgestandenen Qualen bei seinem Bekenntnis, denn ein Widerruf setzte ihn erneut den gleichen Qualen aus. Hielt der Delinqent der Tortur stand, so wurde er freigesprochen[136]). Eine Wiederholung oder Verschärfung war in den seltensten Fällen möglich[137]).

[135]) Inquisitionsreceß Art 14.

[136]) Hauptgericht Jülich Nr. 199 (1736).

[137]) Hauptgericht Jülich Nr. 172 (1714). Hier heißt es, eine Tortur könne nur erneuert werden, wenn nach der überstandenen Tortur eine „anzeigung id est argumenta fortiora et evidentiora" erfolge. Hauptgericht Jülich Nr. 187 (1729): Hier erfolgt nach ausgestandener Tortur sogar eine verschärfte Erneuerung, weil festgestellt wird, daß die Inquisitin statt der vorgeschriebenen 20 Minuten nur 15 Minuten der Tortur unterlegen hatte. Die ganzen 20 Minuten sollen wiederholt werden. Es kommt aber nicht dazu, da die Inquisitin nunmehr gesteht. Hauptgericht Jülich Nr. 200 (1740): Der Inquisit muß erneut die Tortur über sich ergehen lassen mit der Begründung, er sei „ein so stark gravirter boesewicht, nicht weniger ein verwegener robuster mensch, wovon die ausdauerung deren zweyen grad der tortur leichtlich zu muthmaßen unnd zu besorgen stünden".

S. 40 Ein weiteres Beweismittel war der Zeugenbeweis, wie er in der Karolina vorgeschrieben ist. In keinem Verfahren fehlt daher der Belastungs- und Entlastungszeuge. Waren zwei vollwertige Tatzeugen vorhanden, so konnte der Täter nach Art. 69 der Karolina verurteilt werden. Meistens jedoch waren nur Zeugen für Indizien vorhanden. Auf Grund einer solchen Zeugenaussage konnte eine Verurteilung nicht erfolgen; doch führten die unter Eid gemachten Angaben meist zu einem freiwilligen Geständnis, zumindest gaben sie genügend Anlaß zur Tortur[138]). Der endgültige Sieg des Naturrechts brachte auch hier eine größere Bedeutung der Zeugenaussagen[139]).

Waren nicht genügend Indizien vorhanden, dann konnte die Tortur nicht angewandt werden. War die Tat nicht schwerwiegend, so konnte sich der Beklagte durch Eid von der ihm zur Last gelegten Tat reinigen. Er mußte schwören, daß er an der Tat „kein geheisch, ahnschlag, rath, that, hilf, beistand oder vorschub geben noch gethan" habe[140]). Dieser aus dem Mittelalter überlieferte Eid[141]) ist uns für die Rechtsprechung am Kriminalgericht Jülich nur für Totschlagsfälle im Raufhandel, also in Fällen, in denen der oder die Täter sehr schwer festzustellen sind, bekannt[142]).

S. 41 Ein weiteres Hilfsmittel zur Feststellung des Täters, auch um diesem die Einrede zu nehmen, der Getötete sei nicht durch seine Handlung gestorben, war das Notgericht. Es mußte bei Totschlag und Verwundung abgehalten werden und war wegen der Wichtigkeit solcher Verbrechen schon früh Gegenstand der Gesetzgebung.

Die Polizeiordnung bestimmt, daß das Notgericht „nach Gewohnheit" abgehalten werden soll, und die dabei anwesenden Zeugen sofort vernommen werden sollen[143]). Eine Verordnung vom 14. Februar 1597 benennt die Personen, die den Wundbericht anzufertigen haben[144]). Sollen hier lediglich die Amtleute oder Befehlhaber selbst oder durch „erfahrene" Personen die Todesursache feststellen, so werden nach der Verordnung vom 29. Juli 1670 diese „erfahrene Personen" durch „zwei Ärzte" ersetzt. Damit ist die Entwickelung des Notgerichts endgültig abgeschlossen. Der Inquisitionsreceß bringt die bis dahin ergangenen Verordnungen lediglich noch einmal in Erinnerung[145]). Die Praxis der Gerichte ging dann auch dahin, daß das Notgericht vom Schultheiß oder Vogt, zwei Ärzten, von denen gewöhnlich einer Medicus, der andere Chirurgus genannt

---

[138]) Hauptgericht Jülich Nr. 209 (1667).

[139]) Hauptgericht Jülich Nr. 190 (1730).

[140]) Hauptgericht Jülich Nr. 106 (1660).

[141]) Siehe R. Schröder, Lehrbuch der deutschen Rechtsgeschichte, Leipzig 1889, S. 70 und S. 351 ff.

[142]) Hauptgericht Jülich Nr. 27 (1564).

[143]) Jülich-Bergische Polizeiordnung, Ausgabe 1696, S. 65.

[144]) Ordnung Johann Wilhelms, wie sich die Beamten etc. bei Brüchten-Verhören und sonsten zu verhalten. Abgedruckt S. 87 der Jülich-Bergischen Polizeiordnung, Ausgabe 1696.

[145]) Art. 5 des Inquisitionsrecesses.

wird[146]), in Gegenwart zweier Schöffen und des Gerichtsschreibers abgehalten wurde. Zuständig zur Abhaltung des Notgerichts war das Gericht des Amtes, in dem sich der Totschlag oder die Verwundung zugetragen hatte[147]).

Flüchtige Täter waren mit dem Glockenschlag zu verfolgen, aber nur dann, wenn sie eine Tat begangen, wodurch sie Leib oder Leben verwirkt hatten[148]). Waren sie nicht aufzufinden, so erging das fürst- *S. 42*
liche „mandatum", den Flüchtigen auszuforschen, zum „arrest" zu bringen und sein Vermögen zu beschlagnahmen[149]). Der Flüchtige, der in einem benachbarten Territorium einen Totschlag begangen hatte, genoß im Lande des Herzogs das Asylrecht für Jahr und Tag. Nach Jahr und Tag konnte er auf Begehren des Klägers zum Recht gestellt oder ausgeliefert werden[150]).Innerhalb des Herzogtums boten Kirchen und Klöster Asyl[151]). Der einzige Fall der Gewährung des Asyls ist uns aus einer Akte des Kriminalgerichts von 1711 überliefert[152]). Ein bereits zum Tode durch den Strang verurteilter Dieb entflieht in das nahe der Stadt gelegene Karthäuserkloster Vogelsang. Die Vollstreckung des Todesurteils unterbleibt. Das Urteil wurde dahin gemildert, daß der Delinquent zum Richtplatz geführt, das Urteil publiziert, der Beklagte dann mit Ruten ausgehauen und auf ewig des Landes verwiesen werden sollte. Selbst gegen diese Milderung wandten die Karthäuser ein, sie gäben den Delinquenten nicht heraus, wenn nicht die Publizierung des Todesurteils unterbleibe. Sie verlassen diesen Standpunkt erst dann, als der Schultheiß erklärt, das geistliche Recht besage lediglich, daß dem Entsprungenen weder das Leben noch irgendein Glied genommen werden dürfe[153]). Die Immunität hat sich im Herzogtum Jülich recht lange gehalten. Noch 1787 bestrafte der Papst die Jülich-Bergische Regierung mit dem Kirchenbann wegen Verletzung der Immunität. Erst gegen Ende des 18. Jahrhunderts vermochte sich die Landesherr- *S. 43*
schaft auch hiergegen durchzusetzen[154]).

Die Delinquenten wurden, wenn man ihrer habhaft werden konnte, in aller Regel verhaftet, namentlich dann, wenn es sich um Straf-

[146]) Hauptgericht Jülich Nr. 209 (1667).

[147]) Hauptgericht Jülich Nr. 27 (1564): Amt Aldenhoven. Nr. 172 (1714): Jülich. Ebenso Nr. 209 (1667).

[148]) Edikt Herzog Wilhelms, wie sich die Amtleute und Befehlhaber mit der Bestrafung und Brüchten zu verhalten. Abgedruckt in der Jülich-Bergischen Polizeiordnung, Ausgabe 1696, S. 65. Schon eine VO. vom 22. Mai 1518 bestimmte, daß derjenige, welcher dem Glockenschlag nicht folge, „an live ind guede zu straiffen" sei. (Beiträge z. G. Ndrrh. Bd. 13, S. 13).

[149]) Hauptgericht Jülich Nr. 192 (1730).

[150]) Edikt vom 30. Juni 1583. Eine Ausnahme besteht für Kurköln durch Vertrag vom 16. September 1533 (Scotti a. a. O., Nr. 26), welcher am 8. April 1783 wiederholt und erneuert wurde (Scotti a. a. O., Nr. 2210). Mit Frankreich wurde am 6. Juni 1757 ein Auslieferungsvertrag abgeschlossen (Scotti a. a. O., Nr. 1821).

[151]) Siehe Kuhl a. a. O., Bd. II, S. 320.

[152]) Hauptgericht Jülich Nr. 164 (1711).

[153]) Hauptgericht Jülich Nr. 164 (1711).

[154]) Schoeneseiffen, Die kurkölnische Strafjustiz im 18. Jahrh., Dissertation, Bonn 1938, S. 64.

taten handelte, die eine Leib- oder Lebensstrafe nach sich zogen[155]). Den Antast hatte der Vogt, aber auch die Schultheißen, Richter, Befehlhaber und andere Amtleute konnten die Verhaftung vornehmen[156]). Sie bedienten sich hierzu der sog. Schützerei, einer aus Einwohnern gebildeten unausgebildeten Truppe, an deren Spitze ein ausgedienter Soldat stand[157]).

B. Das Akkusationsverfahren.

Unter der Herrschaft des Anklageverfahrens wurde das Kriminalgericht nur tätig, wenn es angerufen wurde. Die Anklage konnte von jedem erhoben werden, dem eine Übeltat bekannt geworden war. In den meisten Fällen war es der durch die Tat Verletzte, der Bestohlene, der Überfallene oder ein Mitglied der Sippe des Erschlagenen, der die Hilfe des Gerichts in Anspruch nahm, damit das Verbrechen seine gerechte Sühne erhielt. Der Beklagte mußte zum Termin geladen werden.

L a d u n g.

Die Ladung des Beklagten erfolgte auf Grund eines Ersuchens
S. 44 des Klägers oder seines bevollmächtigten Prokurators durch den Richter[158]). Der Beklagte wurde beim Kriminalgericht, sofern er nicht in Haft saß, schriftlich geladen[159]), im Gegensatz zu der Übung bei den Untergerichten, bei denen die Ladungen, offenbar mit Rücksicht auf den ländlichen Charakter dieser Gerichte, mündlich erfolgten[160]). Um dem Beklagten hinreichend Gelegenheit zur Verteidigung zu geben, mußte die Ladung den Gegenstand der Klage und die Ursachen angeben[161]). Der Termin zur ersten Verhandlung wurde so festgelegt, daß nicht mehr als 14 Tage zwischen Termin und Ladung lagen (Einlassungsfrist). Mußte infolge des mündlichen Ladeverfahrens am Untergericht der Bote regelmäßig gehört werden, ob die Ladung ordnungsmäßig erfolgt war[162]), so hatte in dem Verfahren vor dem Kriminalgericht der Bote die ordnungsmäßig erfolgte Ladung mit Zeit und Ortsangabe in den Akten zu vermerken[163]). Auch

---

155) Jülich-Bergische Polizeiordnung, Ausgabe 1696, S. 64: Die Täter sind solange in Verwahr zu halten, bis sie entweder begnadigt oder „mit Recht ledig erkandt" sind. Vgl. Inquisitionsreceß, Art. 7.

156) VO. vom 18. Mai 1711 (Scotti a. a. O., Nr. 1080): Sie haben auf eigene Verantwortung die Verhaftung und Aufbewahrung der Totschläger und Räuber besser als bisher zu handhaben. Über das Antastrecht der Vögte siehe Correns a. a. O., S. 152.

157) Siehe Vertrag mit Kur-Köln vom 16. September 1533 (Scotti a. a. O., Nr. 26): Hier heißt es, daß keine neuen Schützereien mehr zugelassen werden sollen. „So auer van alders in Steden Schutzen gewest weren, dat dieselvige ouch alßdann nit anders dan mit wissen vnd zulassung der obericheit vnd wie van alders herkommen gehalden vnd gebruycht werden."

158) Kap. 16 der Ordnung des gerichtlichen Prozeß, welcher gleichermaßen für den Zivil- als auch den peinlichen Prozeß gilt. Siehe auch Hauptgericht Jülich Nr. 24 (1564), Nr. 63 (1599).

159) Hauptgericht Jülich Nr. 26 (1566), Nr. 31, 14. Prozeß (1579).

160) Hauptgericht Jülich Nr. 711 (1586).

161) Ordnung des gerichtlichen Prozeß Kap. 16. Hauptgericht Jülich Nr. 26 (1566), Nr. 31, 14. Prozeß (1579).

162) Hauptgericht Jülich Nr. 712 (1586).

163) Hauptgericht Jülich Nr. 48 (1589).

enthielt die Ladung noch einen Hinweis auf die Rechtsfolgen, die
den Beklagten trafen, wenn er den Termin versäumte. Gewöhnlich
erfolgte bei Versäumung des ersten und zweiten Termins eine Auf-
erlegung der entstandenen Kosten, beim dritten Mal jedoch wird er
„vermögh der fürstlichen Gulichschen ordnung in des herren recht,
sampt allen ausgegangenen costen", das heißt, er wurde antrags-
gemäß zu der auf die vorgeworfene Tat stehenden Strafe „in contu-
maciam" verurteilt[164]). Die Rechtsfolgen, die den Kläger bei Säum-
nis trafen, waren nicht weniger scharf. Auch sie wurden, damit der
Kläger sich nicht auf seine Unkenntnis berufen konnte, in der La-
dung angegeben. Die unentschuldigte Versäumung der beiden ersten
Termine zog auch hier eine Verurteilung in die entstandenen Kosten *S. 45*
nach sich; die dritte Ladung enthielt die Drohung, daß bei Nicht-
erscheinen „deweniger nit uf ferner impetrantis ahngehalten werden
solle, ergehen was rechtens, darnach er sich zu richten habe"[165]).
Es wurde hier also im Strafrecht ein Verfahren beachtet, wie es
heute noch im Versäumnisverfahren des Zivilprozesses üblich ist.
Der Kläger hatte jedoch seinen Klageanspruch nicht verbraucht,
sondern er konnte jederzeit von neuem gegen den Beklagten vor-
gehen. Der Beklagte konnte diesen unangenehmen Zustand, der ihn
nie zur Ruhe kommen ließ, verhindern, indem er um die Ansetzung
eines Termines von Amts wegen bat, bei dessen Versäumnis dem
Kläger „ein ewigh stillschweigen" auferlegt wurde[166]).

Bei Klagen gegen unbekannte Täter[167]) wurde die Ladung „offe-
nen edictsweiß" an die Kirchentüren und Rathäuser der Tatorte
und an dem vermutlichen Wohnsitz der Täter angeschlagen. Dieses
Verfahren wurde hauptsächlich gegen Verleumder angewandt, wenn
dieselben dem Namen nach nicht bekannt waren. Alle, die glauben,
gegen die Verleumder etwas vorbringen zu können, werden durch
dieses Edikt geladen, vor Gericht zu erscheinen. Erscheinen sie
nicht, so ergeht gegen alle ein Urteil, das ihnen verbietet, weiter
den Täter der Tat zu verdächtigen und zu verunglimpfen.

Die Ladung der Zeugen erfolgt ebenfalls durch Schultheiß und
Schöffen auf Antrag einer Partei. Für den Fall des Ausbleibens ist
eine Ordnungsstrafe in Höhe von 15 Goldgulden angedroht[168]).

D i e V e r h a n d l u n g u n d d a s w e i t e r e V e r f a h r e n.

Bevor Richter und Schöffen tätig wurden, mußte der Kläger, da
er im Falle des Verlustes des Prozesses die Verurteilung in die ent- *S. 46*
standenen Kosten und die Atzungskosten zu gewärtigen und außer-

---

[164]) Hauptgericht Jülich Nr. 712 (1586).
[165]) Hauptgericht Jülich Nr. 102 (1654).
[166]) Gerichtlicher Prozeß, Kap. 17.
[167]) Hauptgericht Jülich Nr. 48 (1589), Nr. 87 (1610): Hier heißt es, sie sollten erscheinen oder aber es würde ihnen „ein ewigh stillschweigen eingebunden".
[168]) Hauptgericht Jülich Nr. 63 (1599). Die Formel der Ladung ist aus den Vorschriften des gerichtlichen Prozeß zu ersehen.

dem dem unschuldig Beklagten Schadenersatz zu leisten hatte[169]), Sicherheit in Form von Geld, Verpfändung von Liegenschaften oder durch Eid leisten[170]). Oft war er sogar gezwungen, sich mit dem Beklagten in Haft zu begeben[171]). Waren diese Voraussetzungen erfüllt, dann folgte das Gericht der in der Anklage ausgesprochenen Bitte des Klägers, den Beklagten zur Streitbefestigung anzuhalten. Im ersten Verhandlungstermin wurde der Beklagte lediglich über seine Personalien vernommen. War er hinreichend verdächtig, bereits wegen anderer Delikte vorbestraft zu sein, so fand auch eine Leibesvisitation auf Brandmarkzeichen statt[172]). In einem weiteren Termin wurden dann der Beklagte und die Zeugen zu der Tat vernommen und die Anklage durchgeführt.

Die Vernehmung des Beklagten und der Zeugen erfolgte durch den Schultheißen. Schultheiß und Schöffen setzten durch „conclusion" fest, welche Beweiserbieten durchzuführen waren und auf welche Punkte der Klageschrift der Beklagte zu antworten hatte. Der Beklagte hatte auf jeden Punkt mit dem Wort „glaub wahr" oder „nit wahr" klar, ohne beischmückende Worte zu antworten. Er hatte weiter die Versicherung abzugeben, „diesem offentlichen gerichts geinenn abstandt zu thuen, sonder was immer mit dem rechtspruch ufferlacht aller dingh gewertigh sein unnd erleidenn woll"[173]). Antwortete der Beklagte mit dem Wort „glaub wahr", so galt die Behauptung des Klägers als bewiesen, antwortete er mit „nit wahr", so traf die Beweislast den Kläger.

S. 47 Die Zeugen hatten vor der Vernehmung den Eid zu leisten, und zwar bis zum Jahre 1698 unter vorherigem Hinweis auf bevorstehende Höllenqualen bei Leistung eines Meineides, später nur unter Hinweis auf die zu erwartende Strafe[174]). Der Zeuge konnte seine Aussage nur mündlich und vor dem erkennenden Gericht machen, doch schon bald verzichtete man auf dieses Erfordernis, wenn der Zeuge weit vom Gericht entfernt wohnte, um Kosten zu sparen. Der Gerichtsschreiber oder ein Notar des Amts, in dem der Zeuge wohnte,

---

169) Hauptgericht Jülich Nr. 38 (1581), Nr. 45 (1587), Nr. 82 (1609), Nr. 166 (1711).

170) Gerichtlicher Prozeß Art. 44. Siehe auch Hauptgericht Jülich Nr. 45 (1587).

171) Pauls, Ein vehmgerichtliches Verfahren gegen die Stadt Düren aus Anlaß eines Hexenprozesses, ZAGV Bd. 23, S. 366 f., wo der Kläger sich anbietet, sich mit dem Beklagten in Sicherheit zu begeben.

172) Graß, Der Aachener Schöffenstuhl, ZAGV Bd. 42, S. 59 betr. die Praxis des Aachener Schöffenstuhls, wo dieses Verfahren auch gehandhabt wurde.

173) Hauptgericht Jülich Nr. 24 (1564).

174) Ordnung des gerichtlichen Prozeß Art. 25. Hauptgericht Jülich Nr. 48 (1587). Durch Verordnung vom 19. Februar 1698 (Scotti a. a. O., Nr. 873) werden die bisher bei Zeugenvernehmungen gebräuchlichen Formeln: „ob Zeuge bei unausbleiblich und ewiger Strafe sagen könne etc." oder „unter Beraubung göttlichen Angesichts etc." oder „bei Vermeidung ewiger Verdammnis oder des höllischen Feuers" verboten. Auch der Geschädigte hatte seine Aussage mittels Eides zu bekräftigen. Doch wurde in einem Falle eine Vernehmung an Eidesstatt über die Höhe des Schadens zugelassen. So heißt es in Hauptgericht Jülich Nr. 199 (1736): Wie sich „aus dem beiliegenden Bourtscheider protocollum" über einen Diebstahl von mehr als 100 Rthlr. ergibt, kann der Bestohlene an anderen Orten an Eides Statt vernommen werden, wenn es in hiesigen Landen auch Brauch ist, bei Sachen, die Leib- und Lebensstrafe nach sich ziehen, den wirklichen Eid abzunehmen.

konnte diesen über die Straftat vernehmen[175]). Zeuge konnte nicht sein, wer mit dem Beklagten in Todfeindschaft lebte[176]), ein verrufener Delinquent[177]), oder aber über die Tat falsch unterrichtet war. Die Vernehmung der Zeugen erfolgte einzeln und in Abwesenheit des Delinquenten[178]). Das Vernehmungsprotokoll wurde nach der Vernehmung dem Beklagten vorgelesen[179]); leugnete er, so konnte er zur Erforschung der Wahrheit mit dem Zeugen „confrontiert" werden[180]).

Nach der Beweisaufnahme verlas der Schultheiß vor den Schöffen das Ergebnis und trat mit ihnen gemeinsam in die Beratung ein. Eine Scheidung zwischen „Richter" und „Urteilsfinder", wie sie das Mittelalter kannte, kannte die Praxis des Kriminalgerichts nicht mehr. Beschwerden der jülichschen Stände halfen diesem Zustand auch nicht ab. Bereits im Jahre 1570 sieht sich der jülichsche Ausschuß gezwungen, zu fordern, daß Vögte, Schultheiße und Gerichtsschreiber aufstehen und gleich den streitenden Parteien abtreten, wenn ein Urteil durch die Schöffen verfaßt werden soll. Das Urteil sollte in keiner Weise durch sie beeinflußt werden[181]). Die Beschwerde der Jülicher Stände vom Jahre 1583 stellt fest, daß an allen Untergerichten, namentlich aber an den beiden Hauptgerichten Jülich und Düren, große Unordnung eingerissen ist, in dem u. a. dieselbe Person das Richter-, Vogt- oder Schultheißen- und Schöffenamt zugleich bediene, auch „vogt- oder schultheißen, boten und schreibern der beratschlagung und verfassung der urteilen allenthalben beiwohnen und oftmalen nit allein miturteilen, sondern den scheffen eingreifen und praescribiren wie und was sie urteilen sollen"[182]). Alle diese Beschwerden konnten jedoch nicht die herzogliche Regierung von ihrem Standpunkt, daß „alle presidenten auch mitratsgenossen" seien, abbringen[183]).

S. 48

Das Beratungsergebnis wurde in einem ausführlichen Gutachten niedergelegt. Zum Schluß enthielt es „eine sententia" oder auch „Concepturteil", welche entweder die Verurteilung des Beklagten zu einer Strafe enthielt, oder aber bei mangelhafter Aufklärung des Falles oder fortgesetztem Leugnen die Verurteilung zur „peinlichen Frage" enthielt. War dem Beklagten kein Verbrechen nachzuweisen, so wurde er freigesprochen, doch hinderte der Freispruch das Gericht nicht, bei Bekanntwerden neuer Einzelheiten der Tat und Beweise das Verfahren von neuem aufzurollen. Das Urteil sprach des-

175) Hauptgericht Jülich Nr. 219 (1601), Nr. 1105 (1573).
176) Ordnung des gerichtl. Prozeß, Art. 63. Hauptgericht Jülich Nr. 48 (1587).
177) Ordnung des gerichtl. Prozeß, Art. 16. Hauptgericht Jülich Nr. 209 (1687)
178) Ordnung des gerichtl. Prozeß, Art. 26.
179) Hauptgericht Jülich Nr. 209 Bl. 32 ff. (1687).
180) Hauptgericht Jülich Nr. 80 (1606), Nr. 96 (1628).
181) v. Below, Landtagsakten, Bd. II, S. 169 § 14.
182) v. Below, Landtagsakten, Bd. II, S. 520 § 11. Siehe auch v. Below, Die Reception, S. 51.
183) v. Below, Landtagsakten, Bd. II, S. 524 § 11.

S. 49 halb nur aus, daß der Delinquent von der Anklage „noch zur zeith ab instantia zu absolvieren" sei [184]).

Das Urteil enthielt die Unterschrift des Schultheißen und der erkennenden Schöffen, deren Zahl verschieden war[185]). In einer Einleitungsfloskel bezeichnete es die Parteien und gab eine gedrängte Darstellung des Sachwertes.

Die Schwerfälligkeit dieses Verfahrens, die im Verlustfalle damit verbundenen hohen Kosten und die notwendige Sicherheitsleistung des Klägers, brachten es mit sich, daß sich nur höchst selten ein Ankläger fand, denn dieser wagte einen Prozeß nur dann, wenn er mit völliger Sicherheit den Beklagten überführen konnte. Wir finden daher einen Ankläger fast nur in Totschlagsprozessen[186]) und Expurgationsklagen[187]), die der unschuldig Bezichtigte gegen jedermann anstrengen konnte, um seine Unschuld zu beweisen. Manche strafwürdige Tat blieb so unbekannt und infolgedessen ungesühnt, wenn auch andererseits dadurch einer leichtsinnigen Beschuldigung ein Riegel vorgeschoben war. Die offensichtlichen Mängel dieses Verfahrens wurden vom Herzog schon bald klar erkannt und er richtete deshalb in der zweiten Hälfte des 16. Jahrhunderts das jülich-bergische Fiskalat ein, das mit der Wahrnehmung der Anklage in den Fällen betreut wurde, in denen sich ein privater Ankläger nicht fand.

Der fiskalische Anwalt.

Das Fiskalat übernahm durch den „advocatus fisci", auch „ge-
S. 50 neralanwalt" genannt, die Vertretung des Herzogs als Ankläger. Die Errichtung des Fiskalats im Jülich-Bergischen Territorium fällt in das Jahr 1534. Zunächst sind dem Fiskal allerdings andere Aufgaben als die der Anklagevertretung zugewiesen. Er hatte lediglich die herzoglichen finanziellen Interessen gegen fremde Eingriffe und die Untertanen vor Vergewaltigung durch auswärtige Mächte zu schützen[188]). In der Gründungsverordnung heißt es, es solle „ein erfahrener rechtsgelehrter gestalt vnd an gelegen ort" unterhalten werden, als „gemein anwalt in allen sachen da m. g. h. in rechten mit anderen zu tuen hat oder haben wurde zu ratten und derselbiger

---

[184]) Hauptgericht Jülich Nr. 72 (1602), Nr. 140 (1694), Nr. 142 (1697), Nr. 163 (1710), Nr. 190 Bl. 48 ff. (1730).

[185]) Hauptgericht Jülich Nr. 105 (1610): Diebstahl; Prangerstrafe (4 Schöffen). Nr. 146 (1598): Opferstockdiebstahl; Strangstrafe (3 Schöffen). Nr. 193 (1730): Kirchendiebstahl; Schwertstrafe (6 Schöffen). Wir ersehen daraus, daß beim Hauptgericht Jülich bei der Unterzeichnung des Todesurteils im Gegensatz zu Köln, wo 7 Schöffen zugegen sein mußten (siehe Schoeneseiffen a. a. O., S. 65), die Zahl der Schöffen schwankte.

[186]) Hauptgericht Jülich Nr. 27 (1564), Nr. 32 (1574), Nr. 102 (1654).

[187]) Expurgationsklagen waren üblich bei Beschuldigung des Totschlags (Nr. 102, 1654) oder eines anderen Delikts (Nr. 48, 1587: Gebrauch von falschem Maß und Gewicht).

[188]) v. Below-Geich, Quellen z. Gesch. d. Behördenorganisation in Jülich-Berg im 16. Jahrh., ZBGV, Bd. 30, S. 56.

warzunemen an enden und zeiten da es von nöten"[189]). Hieraus entwickelte sich um die Mitte des 16. Jahrhunderts die Pflicht, allgemein für die Aufrechterhaltung der Ordnung im Lande zu sorgen[190]). Er hat nunmehr über die Ausführung der landesherrlichen Mandate, Edikte und Verordnungen zu wachen. Insbesondere liegt dem Herzog die Durchführung und Überwachung der Religionsedikte, die er hauptsächlich zur Bekämpfung der „Wiedertäuffer" erlassen hatte und die von den Ständen im allgemeinen sehr wenig beachtet wurden, am Herzen. Der Generalanwalt hat daher die aus den Nachbarländern wegen ihrer religiösen Überzeugung entwichenen und verbannten Sektierer zu verfolgen und für ihre Landesverweisung Sorge zu tragen. Greift schon diese Tätigkeit in das Gebiet der Strafrechtspflege ein, so wird auch hier seine Stellung bald geklärt. Auf Befehl des Herzogs hat er schließlich Verbrecher und Übertreter der Ordnungen, Mandate und Gebote bei Gericht zu „verclagen, und soweit mit recht zu verfolgen, bis darin gerichtlich erkannt" wird[191]). Im
Strafvollzug, und wenn sich der Beklagte der Anklage durch die *S. 51*
Flucht entzieht, hat er die Aufgabe, die dem Herzog hierdurch etwa verfallenen Güter zu registrieren und einzuziehen.

Der Generalanwalt übernahm im Anklageprozeß auf Befehl des Herzogs die Anklage, wenn sich ein Ankläger nicht fand, oder die Straftat „ein allgemein geschrey, leumuth oder gerucht" war. Als herzoglicher Beamter war er dessen Befehlen strikte unterworfen. Es blieb ihm nur geringe Selbständigkeit, und ohne Befehl des Herzogs konnte er keine Tätigkeit entfalten. Als Organ des Landesherrn vergrößerte er dessen an sich schon großen Einfluß auf die Justiz, insbesondere auf die Prozeßführung beträchtlich.

Erscheint der Generalanwalt auch als der allein berufene Vertreter des Herzogs in Kriminalsachen, so konnte der Fürst doch einen anderen hinreichend vorgebildeten Beamten mit seiner Vertretung beauftragen. So erscheint im Jahre 1583, als das Fiskalat noch in der Ausbildung begriffen war, Heinrich von Vellrath[192]), Vogt des Amts Gladbach, und überreicht eine Klage, deren einleitende Floskel den Grund des Erscheinens angibt: „Vor euch (. . . .) erscheint ahn statt des durchl. hochgeborenen fürsten und herrn (. . . .) ich Heinrich von Vellrath alhie uß sonderlichem special bevelch hochgemeilts meines gnedigen fürsten (. . . .) als vollbefugten kleger"[193])

---

[189]) v. Below-Geich a. a. O., S. 56; Sallmann, Organisation der Zentralverwaltung von Jülich-Berg im 16. Jahrh., Beiträge z. G. d. Ndrrh., Bd. 17, S. 83.

[190]) Ordnung meines g. f. und h. generalanwalts aus der 2. Hälfte des 16. Jahrhunderts (Datum unbekannt.) (St. A. D., Jülich-Berg: Gesetzgebung Nr. 15). Siehe auch Carsten, Geschichte d. Staatsanwaltschaft in Deutschland bis zur Gegenwart (Dissertation, Freiburg, 1932), S. 2.

[191]) Bereits 1564 (Hauptgericht Jülich Nr. 24).

[192]) Siehe Norrenberg, Geschichte d. Pfarreien d. Dekanates München-Gladbach, Köln 1889, S. 101.

[193]) Hauptgericht Jülich Nr. 41 (1583).

Der Generalanwalt brachte das Verfahren vor dem Kriminalgericht durch Einreichung einer Klageschrift in Gang[194]). Sie war in einzelne Artikel gefaßt und enthielt die Bitte an das Gericht, den Beklagten zur Streitbefestigung anzuhalten. Gestand der Beklagte im Termin die ihm zur Last gelegte Tat nicht ein, so mußte der An-
S. 52 walt nach Beweisauflage des Gerichts diese dem Beklagten beweisen[195]). Von der Leistung einer Sicherheit war er jedoch begreiflicherweise befreit. Das Verfahren änderte sich im übrigen durch die Teilnahme des Generalanwalts nicht. In fiskalischen Prozessen lautete der Urteilstenor: „In criminal verklagungssachen des churf. und fürstl. fiscalischen anwaldtz klegers eins wider (. . . .) verclagten andertheils (. . . .)"[196]).

Der Helfer des Generalanwalts als „Gesetzeswächter" war der Landdrost, oder der Amtmann, der ebenfalls Mitglied des Haupt- und Kriminalgerichts war[197]). Seine Stellung war gemäß der Ordnung des „Gulichschen Landtrosten" von der Mitte des 16. Jahrhunderts an festgelegt. Er hatte dafür zu sorgen, daß jedermann Recht und Schöffenurteil erlangte. Mißstände, Parteilichkeit, Gebrechen und Mängel hatte er an allen Gerichten, auch am Hauptgericht selbst zu beseitigen, nötigenfalls unter Mitteilung an die Regierung. Als Haupttätigkeit oblag ihm die außergerichtliche Beilegung von anhängigen Streitigkeiten, ein Verfahren, daß dem heute üblichen Güteverfahren des Zivilprozesses sehr ähnlich ist.

Nach der Vogteirechnung von 1550/51 erhielt er „vor syn ampt geldt" 200 Gulden laufenden Geldes. Es handelt sich hierbei nur um eine „Unkostenbeihilfe", da das Amt eines Landdrosten ein Ehrenamt war[198]).

D a s R e c h t s m i t t e l v e r f a h r e n.

Eine Appellation gegen Urteile des Kriminalgerichts fand nicht statt. Bei Verfahrensmängeln und verweigerter Justiz war die Beschwerde an die Regierung nötig, die aber, wenn sie der Beschwerde stattgab, nicht von sich aus entscheiden konnte, sondern an das Kriminalgericht zurückverwies. Anderseits war das Kriminalgericht Appellationsinstanz für die Untergerichte in den Jülicher Ämtern. Dies ergibt sich aus zwei Verordnungen Johann Wilhelms aus dem Jahre 1697, in welchen darauf hingewiesen wird, daß „die Unter-

194) Graß a. a. O., ZAGV Bd. 42, S. 30/31. Auch in der freien Reichsstadt Aachen vertrat der „advocatus fisci" die Anklage Er wurde vom Herzog von Jülich mit Ausübung seines Amtes betraut und war Mitglied des Jülicher Fiscalamts. Nach Graß a. a. O. und Oppenhoff, Strafrechtspflege d. Schöffenstuhls zu Aachen (ZAGV Bd. 6, S. 5) war er der Sekretär des Vogts.

195) Hauptgericht Jülich Nr. 24 (1564). Siehe auch Stölzel a. a. O., S. 558.

196) Hauptgericht Jülich Nr. 90 (1618) als Beispiel für viele andere.

197) Ordnung der Gülicher Landtdrosten bei v. Below-Geich, ZBGV Bd. 30, S. 71. Vgl. Sonnen, Totschlagssühnen im Bereich des Herzogtums Berg, Annalen, Heft 132, S. 34.

198) Kuhl a. a. O., Bd. 2, S. 304.

gerichter per appellationem an das Hauptgericht Jülich gehören"[199]). Eine entsprechende Bestimmung enthält die Ordnung des gerichtlichen Prozeß nicht. Sie bestimmt nur, daß der Appellant entweder an das nächste Obergericht oder an die Kanzlei zu appellieren habe[200]). Praktisch erkannte man das Kriminalgericht Jülich als das zuständige Obergericht an, und so kommt es, daß wir schon aus den Jahren vor 1697 recht zahlreiche Appellationsprozesse der Untergerichte in Strafsachen beim Kriminalgericht Jülich vorfinden[201]). Hieraus kann mit Sicherheit geschlossen werden, daß die genannten Verordnungen Johann Wilhelms einem schon lange bestehenden Brauch die gesetzliche Grundlage gegeben haben. *S. 53*

Die Appellation hatte entweder mündlich sofort nach Verkündigung des Urteils in Gegenwart des Richters und der Schöffen, oder innerhalb einer Frist von 10 Tagen vor Richter und Schöffen oder vor einem Notar und zwei Zeugen zu erfolgen[202]). Der Notar hatte über die erfolgte Appellation „gebührlich schein und glaubhafte instrumenta" auszustellen[203]). Geht die Appellation gegen ein sog. „Beiurteil", welches etwa unseren heutigen Beschlüssen sehr ähnlich ist und wodurch über die Zulassung eines Schriftsatzes oder eines Beweismittels entschieden wurde, so muß sie vor dem sitzenden Gericht oder darnach vor dem Notar und Zeugen schriftlich unter Angabe der Gründe ausgeführt werden. Die vor dem Notar erfolgte Appellation war binnen Monatsfrist dem Gericht und der Gegenpartei zuzustellen[204]). Der Appellant mußte sich die Akten der ersten Instanz selbst holen und dem Obergericht übergeben[205]), das nach Prüfung der Prozeßvoraussetzungen[206]) den Termin der Verhandlung bestimmte.

C. Das Inquisitionsverfahren. *S. 54*

War bis zum Jahre 1695 das Anklageverfahren das übliche Verfahren, so tritt infolge des Inquisitionsrecesses vom 11. Juni 1695 das Inquisitionsverfahren in den Vordergrund. Nur dann, wenn ein Ankläger von sich aus die Klage erheben sollte, sollte das Verfahren nach dem bisherigen Anklageprinzip durchgeführt werden. War in diesen Fällen jedoch der Ankläger saumselig oder war durch die Inquisition eine schnellere Aufklärung der Straftat zu erwarten, so sollte die „Inquisition ex officio" an seine Stelle treten.

---

[199]) Kuhl a. a. O., Bd. 3, S. 255.

[200]) Gerichtlicher Prozeß Art. 37.

[201]) Hauptgericht Jülich Nr. 219 (1601) aus Berchem. Nr. 1105 (1573) aus Berchem. Weiter befinden sich im St. A. D. noch Akten der Ämter Boslar, Tetz, Breyell, Dahlen, Süchteln, Gladbach, Grevenbroich, Heimbach, Aldenhoven, Barmen, Coslar, Güsten, Setterich etc., die nach Jülich appellierten.

[202]) Ordnung des gerichtl. Prozeß, Art. 34. Die Form einer solchen Appellation in der Jülich-Bergischen Rechtsordnung (1696) S. 176 f.

[203]) Ordnung des gerichtl. Prozeß, Art. 34. Hauptgericht Jülich Nr. 219 (1601), Nr. 712 (1586).

[204]) Ordnung des gerichtl. Prozeß, Art. 34.

[205]) Ordnung des gerichtl. Prozeß, Art. 37.

[206]) Zum Beispiel, ob die Frist gewahrt war.

Da sich das Inquisitionsverfahren vor dem Kriminalgericht von dem im allgemeinen in Deutschland üblichen Verfahren unterschied, sei an dieser Stelle das übliche Inquisitionsverfahren kurz skizziert. Nach dem bei Carpzov geschilderten Inquisitionsprozeß bestand dieser aus der Voruntersuchung oder Generalinquisition und der Spezialinquisition. Jeder Richter und auch jede sonstige mit der Voruntersuchung beauftragte Behörde konnte die Voruntersuchung anstellen, wenn sie auf eine nicht ganz unglaubwürdige Weise Kenntnis von einem vorgefallenen Verbrechen erhielt. Die vorhandenen Beweismittel wurden in der Voruntersuchung nur summarisch benutzt, die Zeugen nur über die relevantesten Gegenstände und mit Verweisung auf ihren künftigen Eid vernommen. Die Voruntersuchung hatte den Zweck, den Tatbestand zu ermitteln. Ihr Ende wurde entweder dadurch herbeigeführt, daß die ganze Untersuchung nicht fortgeführt wurde, oder dadurch, daß sie in die Spezialinquisition überging. Das Verfahren trat in die Spezialuntersuchung dann ein, wenn durch glaubwürdige Beweismittel ein dringender Tatverdacht gegen eine bestimmte Person oder gegen einen bestimmten
S. 55 Personenkreis vorhanden war. Erst jetzt wird zur Verhaftung des Täters geschritten. Ist der Täter festgenommen, so setzt die summarische Spezialuntersuchung vor gehörig besetztem Gericht ein. Der Angeschuldigte wird dort verhört. Es muß in der Vernehmung auf alle Punkte der vorliegenden Anschuldigung eingegangen werden. Bei leichteren Vergehen ist mit der Aufnahme der Beweismittel die Untersuchung beendet, bei größeren Verbrechen und Vergehen findet noch ein Haupt- und Schlußverhör statt. Hierauf folgt das Defensionalverfahren und die richterliche Erkenntnis. Nach Eingang der Verteidigungsschrift werden die Akten geschlossen und an die Spruchbehörde, die gewöhnlich der Landesfürst oder die landesherrliche Regierung ist, eingesandt[207]).

Das Verfahren vor dem Kriminalgericht nach 1695 spielte sich dagegen wie folgt ab. Die Obrigkeiten, Beamte, Vögte, Schultheißen auf dem Lande und in den Städten hatten sorgfältig nach Verbrechen und ihren Tätern zu forschen. Die Vögte des Amts, in dem die Tat begangen oder der Täter dingfest gemacht worden war, hatten dann die Voruntersuchung zu eröffnen. In dieser Voruntersuchung hatten sie alle diejenigen Handlungen vorzunehmen, die der Aufklärung der Tat dienlich sein konnten[208]). Sie hatten das Notgericht zu veranlassen und Zeugen zu vernehmen[209]). Im Gegensatz zum Anklageprozeß und dem eben geschilderten in Deutschland allgemein geübten Inquisitionsprozeß, wo die Zeugen in der Voruntersuchung

[207]) Carpzov: Peinlicher sächsischer Inquisition und Achts-Prozeß, Verlag Johann Christoph Tarnovif, 1693, Leipzig.

[208]) Inquisitionsreceß, Art. 4 und 5.

[209]) Inquisitionsreceß, Art. 6.

uneidlich vernommen wurden, sollten nunmehr die Zeugen eidlich gehört werden, um hierdurch Wiederholungen der Aussagen zu vermeiden und den Prozeß nicht unnötig zu verlängern.

Der Vogt hatte ebenfalls den „Antast", d. h. er hatte den Delinquenten, der auf frischer Tat nach Ausführung eines schweren Verbrechens, das Leib- oder Lebensstrafen nach sich führen konnte, ertappt worden war, zu verhaften[210]). Übeltäter, die gut beleumundet *S. 56*
waren und bei denen keine Fluchtgefahr vorlag, durften nur mit Erlaubnis des Jülich-Bergischen Hofrats verhaftet werden.

War die Tat hinreichend aufgeklärt und zur Aburteilung reif, so sandte der Vogt die Akten mit Bericht an die herzogliche Kanzlei, die ihrerseits nach Prüfung der Sachlage den Vogt beauftragte, den Gefangenen zum Hauptgericht nach Jülich zu bringen. Die Atzungskosten hatte der Vogt zu tragen und gleichzeitig mit dem Gefangenen zu überbringen[211]).

Während anderorts nach den Regeln des Inquisitionsprozesses die Spruchbehörde, die, wie bereits gesagt, der Landesfürst oder die landesherrliche Regierung war, den Delinquenten weder persönlich vernimmt oder sonst zu Gesicht bekommt, sondern nur nach Lage der Akten ihren Urteilsspruch fällt, wird in Jülich der Beklagte durch den Schultheißen des Kriminalgerichts in Gegenwart einiger Schöffen und des Gerichtsschreibers über den Inhalt der Voruntersuchung mündlich vernommen. Gestand der Täter seine Tat ein, so war sein Geständnis zu Protokoll zu bringen, sofort zu verlesen und von dem Beklagten zu bestätigen. Das Gericht erließ nunmehr durch denselben Schultheißen und dieselben Schöffen, ergänzt durch weitere Schöffen ohne weitere Verhandlung das Urteil[212]).

War der Täter nicht geständig, so wurden ihm die Zeugenaussagen vorgelesen; leugnete er auch dann noch weiter, so wurde er mit den Zeugen „confrontirt". Verharrte er auch dann noch trotz bestimmter und glaubwürdiger Aussagen auf seinem Standpunkt, so hatte das Gericht das Urteil dahin zu fassen, daß der Delinquent „mit der strengen frag anzugreiffen" sei[213]).

Der Urteilstenor lautete auch hier: „In kriminalverklagungssachen *S. 57*
fiskalischen anwalts eins (...) wider (...) verklagten andertheils (...)"[214]), jedoch ist aus den Prozeßakten nicht ersichtlich, welche Rolle der Generalanwalt in diesem Verfahren gespielt hat. Da er in den Protokollen nicht persönlich genannt wird und auch nach dem

---

[210]) Inquisitionsreceß, Art. 7.

[211]) Hauptgericht Jülich Nr. 132 (1689): Der Stadtgerichtsbote protestiert durch Schreiben an den Herzog, weil der Vogt von Sittard dem Gefangenen keine Unterhaltsgelder mitgegeben hat, und bittet den Herzog um Anweisung derselben. Hauptgericht Jülich Nr. 206 (1744): Der Vogt hat für zwei Inquisiten 12 Reichsthaler Atzungskosten mitübergeschickt.

[212]) Inquisitionsreceß Art. 9. Hauptgericht Jülich Nr. 209 Bl. 32 ff. (1667).

[213]) Inquisitionsreceß Art. 10. Bezüglich der Gegenüberstellung des Beklagten mit den Zeugen siehe auch Hauptgericht Jülich Nr. 30 (1606); Nr. 96 (1628).

[214]) Hauptgericht Jülich Nr. 90 (1613) als Beispiel für viele.

ganzen Gang des Verfahrens eine Klageschrift oder ein Beweiserbieten nicht notwendig waren, ist mit Sicherheit anzunehmen, daß er mit Einführung des Inquisitionsprozesses seine Rolle als Anklagevertreter verloren hat. Das Fiskalat wurde jedoch nicht aufgehoben, sondern es hat auch noch im 18. Jahrhundert weiter bestanden; denn der Fiskal tritt auch noch in dieser Zeit beim Schöffenstuhl der freien Reichsstadt Aachen als Kläger auf, wobei zu beachten ist, daß das Anklageverfahren hier auch noch im 18. Jahrhundert fortbestanden hat[215]). Beim Kriminalgericht in Jülich wurde der fiskalische Anwalt wohl lediglich noch im Strafvollzug, bei Einziehung von verfallenen Gütern, tätig.

Jedes Urteil, auch das, welches die Tortur aussprach, unterlag der Bestätigung durch den Herzog. Die Schöffen begründeten daher ihr Urteil recht ausführlich. Beschränkten sie sich bisher nur auf eine kurze Darstellung der Tat und ihrer rechtlichen Meinung hierzu, so setzen sie sich nunmehr mit den herrschenden Meinungen namhafter Autoren und Kriminalisten auseinander, wägen für und wider ab und reichen es dann zur Bestätigung der Kanzlei ein. Sie werden dabei keinesfalls zu einfachen Nachbetern der überwiegend herrschenden Anschauungen, sondern bekennen sich, wo nötig, auch zu einer abweichenden eigenen Meinung. Einheimische Kriminalisten von Rang und Ruf fehlen so gut wie ganz, lediglich Bewer konnte zu Ende des 18. Jahrhunderts einen verhältnismäßig großen Einfluß ausüben. Das Kriminalgericht war daher fast ausschließlich auf die Literatur auswärtiger Juristen angewiesen.

S 58 Das Urteil wurde mit der Verkündung, die erst nach Einholung der herzoglichen Approbation, von der noch in einem der nächsten Abschnitte die Rede sein wird, erfolgen konnte, rechtskräftig. Eine Appellation gegen das Urteil erfolgte nicht.

D. Das Ratsuchen der Schöffen und eigene Rechtsgutachten des Kriminalgerichts für andere Gerichte.

In schweren und zweifelhaften Fällen hatte das Kriminalgericht nach den Vorschriften des Inquisitionsrecesses den Rat und die Meinung berühmter Universitäten einzuholen[216]). Die Karolina hatte gleichfalls für solche Fälle das Ratsuchen bei einem auswärtigen Rechtsgelehrten vorgesehen[217]). Die Schöffen des Kriminalgerichts hatten jedoch im Laufe der Jahrhunderte infolge des großen Bereiches ihrer Zuständigkeit auf allen Gebieten der Rechtspflege in Kriminalsachen eine so umfangreiche Praxis, daß sie durchweg in der

---

215) Oppenhoff a. a. O., ZAGV Bd. 6, S. 9; Graß a. a. O., ZAGV Bd. 42, S. 59.
216) Inquisitionsreceß, Art. 13.
217) Karolina Art. 228.

Lage waren, in allen Fällen durch eigenes Können und eigene Erfahrung zu einem Urteilsspruch zu gelangen. Trotzdem kam es in juristisch schwierig liegenden Einzelfällen vor, daß sie sich des Rates eines bewährten auswärtigen Rechtsgelehrten bedienten. So wurde in den Jahren 1662 und 1693/94 das Gutachten eines auswärtigen Rechtsgelehrten eingeholt. Im ersten Falle machte den Schöffen die Auslegung der Artikel 158 und 160 der Karolina Schwierigkeiten. Es handelt sich um einen Pferdediebstahl. Sie sind im Zweifel darüber, ob der Täter „auf der that" ertappt worden ist oder nicht. Die genaue Feststellung dieses Umstandes war für die Höhe des Strafmaßes erforderlich, da der Täter bei Ertappung auf frischer Tat dem Galgen verfallen war, im anderen Falle aber nur einer arbiträren Strafe unterlag. Der Herzog befiehlt schließlich die Verschickung der Akten an einen „außwendigen bewerten unparteyschen rechtsgelehrten", damit dieser die in der Karolina „angezogenen umstendt" mitüberlege. Bernardus Haekraedt in Aachen gibt daraufhin sein S. 59
Gutachten ab, dessen Ergebnis dem Schöffenspruch zugrunde gelegt wird. Der zweite Fall zeigt die Zuziehung eines unparteiischen Rechtsgelehrten, dessen Name aus den Akten nicht ersichtlich ist, bei der Beurteilung eines Unzuchtdelikts. Auch hier folgt das Gericht nach Eingang des Gutachtens vorbehaltlos dem Vorschlag des Rechtsgelehrten[218]). Für die Zeit nach dem Erlaß des Inquisitionsrecesses, der, wie bereits gesagt, das Ratsuchen der Schöffen ausdrücklich vorsah, ist kein Beispiel für ein tatsächlich erfolgtes Ratsuchen erhalten.

Wenn auch die Zahl uns erhaltener Gutachten fremder auswärtiger Rechtsgelehrten, wie wir aus den angeführten Beispielen ersehen, recht gering ist, so zeigen sie doch, daß das „rätliche Bedenken" in schwierigen Fällen eingeholt worden ist, und dies sicherlich noch in weit mehr Fällen, als wir nachzuweisen in der Lage sind. Der Einfluß dieser gutachtlichen Tätigkeit auf die Rechtspflege tritt offensichtlich zutage, denn es ist selbstverständlich, daß die Schöffen sich in einem gleichartig gelagerten Falle an das früher eingeholte Gutachten hielten und es zur Grundlage ihres Urteilsspruches machten.

Nicht selten befaßt sich das Kriminalgericht auch selbst mit Gutachten in Kriminalsachen anderer Gerichte, die es um seinen Rat und Bedenken bitten. Das erste Gutachten dieser Art liegt uns aus dem Jahre 1556 vor, als das Gericht Linnich in einer Beleidigungsklage anfragt, wie es sich in diesem Falle verhalten solle[219]). In einem anderen Falle ist ein zu Düsseldorf inhaftierter Dieb bereits von dem dortigen Haupt- und Kriminalgericht verurteilt worden. Vor der Ratifizierung des Urteils verlangt der Herzog noch die Einholung eines Gutachtens der Jülicher Schöffen. Die Gelehrsamkeit der Jüli-

[218]) Hauptgericht Jülich Nr. 111 (1662), Nr. 139 (1694).
[219]) Hauptgericht Jülich Nr. 209 (1556).

cher Schöffen und ihre ausgezeichneten Urteile müssen daran gemessen im ganzen Herzogtum einen guten Ruf genossen haben, was man gerade aus dieser Prozeßakte ersehen kann[220]); denn diesmal be-
S. 60 schweren sie sich, allerdings vergebens, daß sie „die schweren sogar leib- und lebensstraf nach sich ziehende criminal sachen und zwarn auß dem herzogthumb Berg ohnentgeltlich bey jetzig beträngten theuren zeithen zu beobachten gezwungen würden". Verbittert bemühen sie sich nicht um die Ausführung eines in allen Teilen einwandfreien Gutachtens, wie sonst üblich, unter Heranziehung der rechtlichen Meinung der Kriminalisten und Juristen jener Zeit, sondern schließen sich mit kurzen Worten der Meinung des Düsseldorfer Kriminalgerichts an[221]).

E. Das herzogliche Bestätigungsrecht.

Der Einfluß des Herzogs und seiner Regierung auf die Rechtspflege ist seit der Karolina bedeutend geworden. Gab schon das Ernennungsrecht des Schultheißen, der Schöffen und des Gerichtsschreibers, sowie des Generalanwalts durch die Ergebenheit dieser Beamten einen großen Einfluß auf die Gerichtsbarkeit, so hatte er auch noch das Recht, in den Gang des Verfahrens auf verschiedene Weise einzugreifen.

Im Anklageverfahren konnte der Generalanwalt als Kläger nur dann auftreten, wenn er den Befehl hierzu erhalten hatte. Im Inquisitionsprozeß hatte, wie wir sahen, der Vogt die Akten zur herzoglichen Kanzlei einzusenden und erwartete von dort Weisung, wie er weiter zu verfahren hatte[222]). Nur dann, wenn der Herzog die Sache für verhandlungsreif hielt, befahl er, den Gefangenen nach Jülich zu bringen und dort Klage gegen ihn zu erheben[223]). Zuletzt sahen wir, daß die Schöffen vor Verkündung des Urteils dasselbe zur Ratifikation einzusenden hatten[224]). Der Herzog hatte trotz seiner Ratifikationsbefugnis nicht das Recht, das Urteil der Schöffen abzuändern.
S. 61 Verschiedentlich ist versucht worden, auch in dieser Richtung in die Rechtsprechung des Kriminalgerichts einzugreifen, so waren im Jahre 1610 die herzoglichen Räte für die härtere Bestrafung eines Totschlägers[225]). Sie verwarfen das Schöffengutachten und übersandten den erkennenden Schöffen ein völlig neues Urteil, das aber von Richter und Schöffen einstimmig nicht anerkannt wurde mit dem Bemerken, daß „es von anfang an bis heute bräuchlich gewesen sei,

---

[220]) Hauptgericht Jülich Nr. 158 (1709).

[221]) Der dritte uns erhaltene Fall der gutachtlichen Tätigkeit des Kriminalgerichts betrifft Akten der Herrschaft Neuerburg.

[222]) Inquisitionsreceß, Art. 8. Hauptgericht Jülich Nr. 25 (1566), Nr. 191 (1730).

[223]) Hauptgericht Jülich Nr. 88 (1615), Nr. 185 (1727), Nr. 190 (1730).

[224]) Hauptgericht Jülich Nr. 25 (1566), Nr. 90 (1618), Nr. 96 (1628) und fast alle übrigen Akten.

[225]) Hauptgericht Jülich Nr. 87 (1610).

daß das, was per maiora vota der scheffen concludirt, folgens in nahmen der samtlichen scheffen publiciert worden sei". Auch das Rückschreiben der Räte, sie sähen nicht, daß ihr Eingreifen den Schöffen „in einem oder andern einig nachtheil zufuegen könne", und sie schlügen daher vor, das Urteil unter Abänderung der Eingangsformel „... ist durch uns scheffen des haupt- und criminalgerichtes Gulich mit zuthun und rhatlich bedenken der chur und fg. Brandenburg und pfalzneuburgischen Gülich- und Bergischen rethe zu recht erkannt ..."[226]) zu verkünden, bringt keine Änderung der Meinung aller Schöffen hervor, und es bleibt bei der althergebrachten Formel[227]). Das Urteil wird ohne jede Änderung publiziert.

Hiermit war der Versuch der Jülich-Bergischen Regierung, auch auf den Schöffenspruch Einfluß zu gewinnen und den Schöffenstuhl allmählich nur zu einer Gutachtertätigkeit zu degradieren, mißlungen. Im Jahre 1662 versucht der Herzog noch einmal vergebens, die Schöffen zu einer Änderung ihres Spruches zu bewegen, als er zu bedenken gibt, daß seiner Ansicht nach der Beklagte den ihm zur Last gelegten Totschlag entgegen der Meinung der Schöffen doch begangen habe und daher eine höhere Strafe verdient habe, als sie in ihrem Spruch erkannt hätten[228]). Die Meinung beeindruckt jedoch die Schöffen nicht zu Ungunsten des Beklagten und es verbleibt auch in diesem Falle bei dem einmal gefällten Urteil.

Konnte die herzogliche Regierung oder der Herzog selbst somit *S. 62*
keinen Einfluß auf das Urteil gewinnen, so konnte er doch im Rahmen seines Begnadigungsrechtes das Urteil vor der Ratifikation zugunsten des Beklagten abändern[229]). Von diesem Recht hat er dann auch rege und recht oft Gebrauch gemacht[230]). Auch setzte er flüchtige Täter, die diese Gnade verdienten, außer Verfolgung. So heißt es in einem Schreiben des Jahres 1704: „Wir haben der Marien Hemmen auf deren demuthigstes suppliciren die gnadt gethan, dieselbe von der wieder sie wegen des mitt Leonhardten Hilgers in minorennitate begangenen ehebruchs instituirte inquisition zu absolviren und die etwan derenthalben verdienter straf in gnaden nachzusehen"[231]).

Bei Erkenntnissen auf Tortur war dagegen der Herzog in der Lage, die Grade zu bestimmen und zu verschärfen[232]). Nach der Ver-

[226]) Wir befinden uns im Erbfolgestreit zwischen Brandenburg und Pfalzneuburg.

[227]) „(. . .) wir schultheiß und scheffen des hauptgerichts Jülich haben zu recht erkannt (. . .)".

[228]) Hauptgericht Jülich Nr. 113 (1662).

[229]) Hauptgericht Jülich Nr. 172 (1714). Hier werden statt der vorgeschlagenen Strafe des Stranges drei Jahre Schanzarbeit verhängt. Nr. 182 (1721): Die verhängte Schanzarbeitsstrafe kann mit Geld abgelöst werden. Nr. 197 (1734): Die vorgeschlagene Geldstrafe wird herabgesetzt.

[230]) Hauptgericht Jülich Nr. 105 (1660), Nr. 142 (1697), Nr. 147 (1699), Nr. 159 (1709), Nr. 194 (1731), Nr. 198 (1734).

[231]) Hauptgericht Jülich Nr. 154 (1704).

[232]) Hauptgericht Jülich Nr. 200 (1740). Der Herzog ändert hier das Urteil insofern ab, als er befiehlt, „daß beim zweyteren gradt der tortur das hären seyll zu appliciren sei".

ordnung vom 2. September 1776 konnte überhaupt nur nach vorheriger Genehmigung des Herzogs auf die Anwendung erkannt werden[233].

Verurteilten die Schöffen den Beklagten zur Zahlung einer „abtragd" an den Herzog, so hatte dieser die Höhe der Abtracht zu bestimmen[234]. Da das vorhandene Vermögen des Beklagten die Höhe der Abtracht bestimmte, wurde zunächst hierüber das Gutachten des Amtmanns, in dessen Amt der Verurteilte wohnte, eingeholt. Der Vogt schlug dann die Höhe der zu zahlenden Abtracht vor und holte hierzu die Zustimmung des Herzogs ein.

S. 63 Berief sich der Beklagte auf partikulares Recht, das den Schöffen nicht geläufig war, so holten sie den Rat des Herzogs und seiner Regierung hierüber ein. So fragen die Schöffen in einem Prozeß des Jahres 1589 bei der Regierung an, ob dem Abt von St. Panthaleon das Brüchtenrecht in Süchteln zustehe. Die Räte haben das Erkundigungsbuch aufgeschlagen und teilen mit, daß dem Abt die Brüchten „in massen, gewicht von brot und bier" zustehen „und stehen die ubertreter gleichwohl zu straff meines gnedigen herrn"[235].

Der Herzog selbst war mit der Zeit wegen der stark angewachsenen Landesgeschäfte nicht in der Lage, sich mit der Kriminalgerichtsbarkeit und der Ratifikation der Urteile zu beschäftigen. Aus diesem Grunde übernahmen die Räte diese Arbeit, wodurch ihr Einfluß ständig wuchs. Namentlich zur Zeit des Successionsstreites zwischen Pfalzneuburg und Brandenburg wurden sie mächtig und einflußreich[236]. Die Ratifikationsurkunden wurden vom Kanzler, dem höchsten Regierungsbeamten, unterschrieben. Seine Vertretung lag in den Händen des Vicekanzlers. Nur die wichtigsten Akten tragen die Unterschrift des Herzogs selbst[237].

III. Kapitel.

Die Straftaten und ihre Bestrafung.

A. Allgemeines.

Die Straftat unterliegt den verschiedensten, meist wahllosen Bezeichnungen. Das Landrecht des Jahres 1537 nennt die Straftat allgemein „myßdait"[238], während die Polizeiordnung für die peinlichen Delikte wie Mord, Mordbrennerei, Straßenschänderei und Raub die Bezeichnung „Uebertrettung" oder „Uberfahrung" gebraucht. Schlägereien werden in den Akten häufig „thattliche Handlung", auch

[233]) VO. vom 2. September 1776 (Scotti a. a. O., Nr. 2126).
[234]) Hauptgericht Jülich Nr. 82 (1608).
[235]) Hauptgericht Jülich Nr. 48 (1589).
[236]) Von 1609 bis 1666 (Vertrag von Cleve). Siehe Kuhl a. a. O., Bd. 1, S. 167.
[237]) Sallmann a. a. O., Beiträge z. Gesch. d. Niederrheins, Bd. 18, S. 10.
[238]) Jülicher Landrecht Art. 55. Ebenso das Privileg der Landstände vom St. Remeystag 1475 (Scotti a. a. O., Nr. 1).

„Uebel- unnd Gewaltthaten" genannt[239]). Neben der Bezeichnung der Sittlichkeitsdelikte nach ihrer Art, wie Hurerei, Blutschande[240]) bedient man sich vornehmlich des Wortes „Laster"[241]). Unter dem Einfluß der gemeinen Rechtslehre kommen die Begriffe des „crimen" und „delictum" auf[242]), die Schlägerei wird mit „violentia" bezeichnet[243]). Daneben tritt das Wort „Exceß" als Bezeichnung jeden Delikts. So wird 1606 die Entführung einer Jungfrau wider den Willen der Eltern als „excessus" bezeichnet, während es 1716 in einem Prozeß heißt, daß der Beklagte „große diebstähl und andere excesse" begangen habe[244]).

In gleicher Weise wie die Bezeichnung des Delikts unterliegt die Bezeichnung des Täters den mannigfachsten Wandlungen. Nach dem Landrecht heißt er „hantdediger", während die Praxis sehr oft die Worte „Täter" und „Uebeltäter" gebraucht[245]). Nach Einführung des Inquisitionsrecesses wird er fast durchweg „Inquisit" oder „Delinquent" benannt[246]). Seltener finden sich lateinische Ausdrücke wie etwa „facinorosus" usw., Bezeichnungen, die eigentlich sehr nahe lagen[247]). Klagt der Geschädigte, so heißen die Parteien „Kläger und Verklagter"[248]), in Totschlagsprozessen heißt der Beschuldigte „Expurgant", der Gegner „Opponent"[249]).

Kannte der Täter die Rechtsfolge seines Tuns nicht, so konnte im allgemeinen eine Bestrafung nicht erfolgen. Vor allem schützte die Unkenntnis landesherrlicher Gesetze und Verordnungen vor Strafe. Der Täter war jedoch beweispflichtig, und es wird ihm im Einzelfalle sehr schwer gefallen sein, diesen Beweis zu erbringen; denn nach herzoglicher Anordnung wurden alle Gesetze und Polizeiverordnungen auf den Herrengedingen und von den Kanzeln verkündet und dann am Rathause und anderen öffentlichen Plätzen angeschlagen, „damit auch niemand dieser unser gnädigst- und wolgemeinter Ordnung Unwissenschaft vorschützen und also derselben nicht nachzuleben sich entschuldigen kann"[250]). Auch ein Fremder wird sich in den seltensten Fällen mit Unwissenheit über die landesherrlichen Edikte entschuldigt haben können. Die landesherrlichen Verordnun-

239) Hauptgericht Jülich Nr. 24 (1564); Nr. 32 (1574).

240) Hauptgericht Jülich Nr. 41 (1583): „uberhorerey und blutschand", „horthumb und bloitschendt". Auch wird für jede Art Sittlichkeitsdelikt das Wort „Unzucht" gebraucht.

241) Hauptgericht Jülich Nr. 41 (1583); Nr. 139 (1693); Nr. 198 (1734).

242) „delictum": Hauptgericht Jülich Nr. 105 (1660); Nr. 182 (1721); Nr. 194 (1731). „crimen": Hauptgericht Jülich Nr. 167 (1731); Nr. 192 (1730); Nr. 194 (1731).

243) Hauptgericht Jülich Nr. 182 (1721).

244) Hauptgericht Jülich Nr. 80 (1606).

245) Jülicher LR. Art. II, 2. Hauptgericht Jülich Nr. 46 (1587); Nr. 197 (1731). Siehe auch die Deliktstatbestände in der Polizeiordnung.

246) Hauptgericht Jülich Nr. 176 (1716); Nr. 194 (1731); Nr. 202 (1744) und viele andere.

247) Hauptgericht Jülich Nr. 193 (1730).

248) Hauptgericht Jülich Nr. 90 (1618).

249) Hauptgericht Jülich Nr. 32 (1574); Nr. 94 (1627) u. a. m.

250) So heißt es in einem Edikt Philipp Wilhelms vom 14. Dez. 1667 (Zusatz einiger Ordnungen . . . der Gülich und Bergischen Rechts-, Polizey- und Reformations-Ordnung, Düsseldorf 1697, S. 35). Vgl. auch Jülich-Bergische Polizeiordnung, Ausgabe 1696, S. 67.

gen und Edikte entsprachen in den meisten Fällen denen der benachbarten Fürstentümer und Herrschaften. Auch die Prozeßakten deuten auf das Kennenmüssen der Gesetze hin. So heißt es in einer Prozeßakte des Jahres 1709, daß der Beklagte gegen die „in truck außgangene edicta", und 1730, daß er gegen die „offentlich affigirte edicta" verstoßen habe[251]).

Entsprach die Bestrafung einem allgemein herrschenden Sittengesetz, so konnte sich der Täter auf keinen Fall auf die Unkenntnis des Gesetzes berufen. So schützte ein Dieb, der mehrere einfache und schwerere Diebstähle mittels Erbrechen von Kisten begangen hatte, vor, er habe nicht gewußt, „daß die committirende diebstähle die verwirkung des lebens nach sich ziehen". Die Schöffen erkennen diesen Grund nicht an und stellen fest, daß dies den Inquisiten nicht „von der poena laquei befreien" könne. Es sei allen „Christgläubigen bekannt, daß das stehelen verbotten sei und weiter daß die verübende furta mit dem strangh gestrafft werden, [was] von zeit zur zeit durch ahn die ertappende dieb statuirte öffentlige exempla anderen zum abscheulichen exempel kundtbahr gemacht wird". Die Ignoranz dieser Tatsachen sei nun doch allzu grob[252]).

Die Zurechnungsfähigkeit.

Nach der Karolina ist derjenige zurechnungsunfähig, der „wissentlich seyner synne nitt hett", was auf Jugendlichkeit oder Gebrechlichkeit beruhen kann. Auch Carpzov, dem die Strafgerichtsbarkeit des Jülicher Kriminalgerichts so viel verdankt, kennt keine hinreichende Formel für die Zurechnungsfähigkeit. Er begnügt sich mit einer Aufzählung aller der Fälle, bei denen seiner Ansicht nach keine oder doch eine mildere Bestrafung des Täters eintreten soll. Er geht davon aus, daß jede Tat den vollen dolus verlange, und da bei Jugendlichkeit oder Gebrechlichkeit des Täters dieser meist fehlt, ist er der Ansicht, daß den Täter nicht die volle Strafe treffen könne[253]). Das Wesen der Unzurechnungsfähigkeit sieht er ausschließlich in dem Mangel an intellektuellen Fähigkeiten.

Soweit die Praxis des Kriminalgerichts verfolgbar ist, ist festzustellen, daß sie fast ausschließlich der Lehre Carpzovs gefolgt ist. Dies gilt insbesondere für die Lehre über die Zurechnungsfähigkeit der Minderjährigen. Während die Karolina in ihrem Art. 164 bei Diebstahl die volle strafrechtliche Verantwortlichkeit der Minderjährigen auf 14 Jahre festlegt, wenn die obwaltenden Umstände „so gefehrlich darbey gefunden wurden, also daz die bossheit das alter

[251]) Hauptgericht Jülich Nr. 162 (1709); Nr. 191 (1736).
[252]) Hauptgericht Jülich Nr. 164 (1711).
[253]) Carpzov behandelt die Zurechnungsfähigkeit in den Kapiteln De mitigatione poenae seines Hauptwerkes Practica nova imperialis Saxonica. Siehe auch Lübbers, Die Geschichte der Zurechnungsfähigkeit von Carpzov bis zur Gegenwart (Strafrechtl. Abhandlungen, Heft 385), Breslau-Neukirch 1938, S. 2 ff.

erfüllen möcht", unterschied Carpzov drei Altersstufen: die infantes bis 7 Jahre, die impuberes bis 14 Jahre und die minores bis zum 25. Lebensjahre. An dieser Einteilung, die ja auch schon vor Carpzov bekannt und nicht seine eigene Erfindung war, ist auch durch das Naturrecht nichts geändert worden[254]). Die Strafrechtspflege beim Kriminalgericht Jülich läßt denn auch die „infantes" in jedem Fall straffrei. Selbst die Verordnung vom 20. Februar 1725 gegen herumstreifende Diebesbanden, Zigeuner und anderes herrenloses Gesindel läßt Kinder straffrei[255]). Sie sollen von den Amtsbewohnern solange unterhalten werden, bis sie ihr Brot selbst verdienen können, wie es auch ausdrücklich ein Urteil des Jahres 1730 ausspricht: „... und die übrige 5 und 4jährige kinder, weilen ihr brodt annoch nicht verdienen konnen, nach inhalt der edicta alss betteler in denen Vier gerichteren umb Dühren zu unterhalten seyen." Die „impuberes" ließ man wie die infantes straffrei, wenn sie die nötige Einsicht noch vermissen ließen, andernfalls bestrafte man sie arbiträr, zumal sie noch zur „Correction" zu bringen waren. Nach Carpzov sollte die Strafe für die „impuberes" in der Regel in Ausweisung oder Kerkerhaft bestehen, bei besonders schweren Delikten sollte auch die Auspeitschung verhängt werden. Die Praxis des Kriminalgerichts verurteilt die impuberes in Anlehnung an den Vorschlag Carpzovs an Stelle der Kerkerhaft zur Festungsarbeit oder verweist sie des Landes[256]). Bei den „minores" unterschieden die Schöffen bei der Urteilsfällung, ob diese das 14. Lebensjahr nur wenig überschritten hatten, oder ob sie der Volljährigkeitsgrenze nahe waren. 19- und 20jährige Verbrecher hatten im allgemeinen noch eine milde Strafe zu gewärtigen. In einem Gutachten des Jahres 1662 über den Diebstahl eines Pferdes durch einen 21jährigen erwägen die Schöffen, dem Minderjährigen „einige exculpation" zukommen zu lassen. Doch verurteilen sie ihn trotzdem zum Tode durch den Strang und stellen es dem Herzog anheim, das Urteil zu mildern[257]). Dieses Urteil zeigt auch recht deutlich, wie erstarrt die Rechtspflege um das Jahr 1660 war. Die Schöffen haben die Erkenntnis erlangt, daß der minderjährige Beklagte milder zu bestrafen sei, als das Gesetz es verlangt, und doch finden sie nicht den Mut dazu, von sich aus ein mildes Urteil zu fällen. Wenn ihnen auch durch das Gesetz eine gewisse Ermessensfreiheit gelassen war, so war diese doch eingeengt durch die Vorentscheidungen, die sie in ähnlich gelagerten Fällen schon einmal getroffen hatten[258]). Erst dann, als sie sehen, daß der Herzog

[254]) Lübbers a. a. O., S. 32 ff., 49, 59 und 67.

[255]) VO. abgedruckt bei Scotti, Nr. 1253.

[256]) Hauptgericht Jülich Nr. 111 (1662), Nr. 191 (1730); vgl. über die Lehre Carpzovs: Schaffstein, Beiträge zur Strafrechtsentwicklung von der Carolina bis Carpzov (Der Gerichtssaal, Bd. 101, S. 99).

[257]) Hauptgericht Jülich Nr. 111 (1662).

[258]) v. Weber, Zur Geschichte der Analogie im Strafrecht (Zeitschr. f. d. gesamte Strafrechtwissenschaft, Bd. 56, S. 658), zeigt eine ähnliche Entwicklung in Kursachsen.

sich ihren Gedankengängen nicht verschloß, finden sie auch den Mut, in gleichen Fällen eine milde Strafe zu erkennen, ohne erst den Rat des Herzogs in Anspruch zu nehmen. Aus sich heraus waren die Schöffen um das Jahr 1660 nicht mehr fähig, Irrtümer zu berichtigen; sie waren gezwungen, in diesen Fällen den Rat ihrer Regierung einzuholen.

Die vorhandenen Kriminalakten lassen nur einen kleinen Einblick in die Behandlung geisteskranker Täter zu. Nur zwei Fälle sind uns überliefert. Doch zeigt uns die Behandlung der Täter, daß die Schöffen sich eng an die herrschende Rechtslehre hielten. Die beiden Fälle betreffen Täter, die an der „melancholia" leiden[259]). Nach Carpzov war der Schwermütige mit einer außerordentlichen Strafe zu belegen, die nach dem Umstand, ob er die Melancholie selbst verschuldet hatte oder nicht, und nach der Verwirrung seines Geistes abgestuft war[260]). Dieser Ansicht ist auch die Praxis gefolgt. So wird im Jahre 1604 ein Straßenräuber gegen Leistung „gewohnlicher urphedt unnd anglobnis in ihrer f. landen sich hinfüro mitt beschedigung eines oder ander von den underthanen nit finden zu lassen" der Haft entlassen, weil er von solcher „einfaldt unnd armseligkeit" war, daß „die ubrige verhaften mit ihme den spott trieben"[261]). In diesem Falle hat das Gericht die „Melancholia" des Beklagten für so stark gehalten, daß diese die Zurechnungsfähigkeit ganz ausschloß. In einem Falle des Jahres 1704 haben die Schöffen durch ein Gerücht erfahren, daß einer der Inhaftierten wahnsinnig sei. Der untersuchende Arzt stellt Melancholie fest. Wie aus den Umständen hervorgeht, war die Melancholie des Beklagten nicht so schwer, daß sie die Zurechnungsfähigkeit vollkommen ausgeschlossen hätte. Insbesondere geht das aus der Tatsache hervor, daß die Schöffen nicht aus eigenem Wissen heraus die Geisteskrankheit des Beklagten festgestellt haben, sondern, daß erst ein Gerücht die Aufmerksamkeit auf diesen Umstand erwecken mußte. Sie sehen daher auch nur von der ordentlichen Strafe ab, verurteilen den Beklagten jedoch zu einer außerordentlichen Strafe, rechnen ihm die erlittene Untersuchungshaft an und setzen ihn nach ausgeschworener Urfehde auf freien Fuß.

Die Behandlung melancholischer Geisteskranker erfolgte somit nach der Carpzov'schen Lehre. Es ist daher anzunehmen, daß andere Geisteskranke, die in den Zuständen der dementia und des furor lebten, ebenfalls die Behandlung erfuhren, wie sie von Carpzov beschrieben ist. Diese Kranken gingen vollkommen straffrei aus[262]).

Regelmäßig wurden die in Trunkenheit begangenen Verbrechen milde beurteilt. Sie wurden „mit willkürlicher straf" belegt, da nicht

---

[259]) Hauptgericht Jülich Nr. 75 (1604); Nr. 154 (1704).
[260]) Lübbers a. a. O., S. 21.
[261]) Hauptgericht Jülich Nr. 75 (1604).
[262]) Lübbers a. a. O., S. 16 ff.

„zu zweifeln, daß das begangene verbrechen der unzucht höchst ärgerlicher als simplex stuprum" sei[263]). Die in Trunkenheit begangenen Verbrechen wurden in Jülich als Fahrlässigkeitsdelikte angesehen, denn der Täter mußte die zum Verbrechen geneigtmachende Wirkung des Trinkens kennen und durfte sie deshalb nicht außer acht lassen[264]). Sie konnte daher nur als Strafausschließungsgrund beachtet werden, wenn der Täter unverschuldet trunken geworden war.

Wurde von dritter Seite auf den Täter körperlich oder geistig eingewirkt, so daß er seine Handlungsfreiheit in etwa verloren hatte, dann ging er straffrei aus. Blieb dem Täter jedoch eine, wenn auch geringe Möglichkeit, sich dem Zwang zu entziehen, dann mußte er bestraft werden. Unter gewissen Umständen, vor allem bei starker Beeinflussung des Täters trat eine außerordentliche Strafe ein, jedoch konnte auch die ordentliche Strafe verhängt werden. Ein Diener, der auf Geheiß seines Herrn dessen Knecht aus der Hand des Gerichtsdieners befreite, wird mit einer außerordentlichen Strafe gestraft, da er nach Ansicht des Gerichts von seinem Herrn zu der Tat gezwungen worden sei. Er kommt auf „zwey wochen lang hinter dem botten mit wasser undt brodt zu speisen"[265]). In einem Falle des Jahres 1744 wird ein Minderjähriger, der „seiner aussag und bekantnus nach den hof ahnzuzünden durch schlagen ahngezwungen worden", zu 2 Jahren Festungsarbeiten verurteilt[266]). Diese Strafe war nicht milder als die Strafe seiner nicht unter Zwang handelnden Mitangeklagten.

B. Die Straftaten.

I. Verbrechen gegen das Leben und die Gesundheit.

Mord und Totschlag.

Die Polizeiordnung Wilhelms des Reichen aus dem Jahre 1554 unterscheidet Friedbrecher, Mordbrenner, Mörder, Straßenschänder und Totschläger. Eine genaue Terminologie, wer als Mörder und wer als Totschläger zu betrachten ist, gibt weder die Polizeiordnung, noch ein zusätzliches Edikt, das den Amtleuten und Richtern Anweisungen erteilt, wie die Mörder und Totschläger zu behandeln seien[267]). Auch die landesherrliche Gesetzgebung späterer Jahre bemüht sich nicht, Unterscheidungsmerkmale zwischen Mord und Totschlag anzugeben. Aus der Praxis des Kriminalgerichts sind uns nur zwei Gutachten erhalten, die uns in etwa die Merkmale eines Mordes erkennen lassen. Das eine datiert aus den Jahren 1566—78 und das zweite aus

[263]) Hauptgericht Jülich Nr. 41 (1583), Nr. 139 (1693), Nr. 179 (1720).
[264]) Schaffstein, Beiträge, S. 103; Lübbers a. a. O., S. 23.
[265]) Hauptgericht Jülich Nr. 182 (1721).
[266]) Hauptgericht Jülich Nr. 206 (1744).
[267]) Jülich-Bergische Polizeiordnung, Ausgabe 1696, S. 7 und S. 63 ff.: „Wie die Ambtleut und Befehlhaber sich mit der Bestraffung und Brüchten zu halten."

dem Jahre 1689[268]). Aus diesen beiden Gutachten und den wesentlich zahlreicher vorhandenen Totschlagsurteilen können wir ersehen, daß das Kriminalgericht in Anlehnung an die Karolina eine „fürsetzliche, boshaftige und ohn einig ursach" vorgenommene Tötung eines Menschen als Mord ansah[269]). So heißt es insbesondere in der genannten Prozeßakte des Jahres 1689 in der Anklageschrift des Generalanwalts, daß der Beklagte „ein ohn wehr und waffen vor seiner behausung stehend wahnsinniges weibsbild nächtlicher weil fürsetzlich und williger weis ohne die geringste ursach anfänglich mit seinem stock, nachher mit einer gabel" dermaßen bearbeitet habe, daß es hernach an den erhaltenen Wunden gestorben sei.

In allen anderen Fällen der beabsichtigten Tötung eines Menschen, namentlich aber bei der Körperverletzung mit Todeserfolg wurde Totschlag angenommen[270]). Dies kommt namentlich in den die Raufhändel behandelnden Prozeßakten zum Ausdruck. Offenbar waren die herzoglichen Untertanen recht rauflustig, hauptsächlich nach allzu reichlichem Alkoholgenuß. Das Messer und der Knotenstock saßen in solchen Augenblicken sehr locker und aus einer anfänglichen „keyfferey" entstand bald eine Schlägerei, die sehr oft mit dem Tode eines der Beteiligten endete. War der Täter einwandfrei festzustellen, so wurde er wegen Totschlags bestraft.

Eine durch landesherrliche Verordnung festgesetzte Strafe für Mörder und Totschläger bestand nicht. Die Polizeiordnung verordnet, daß die Mörder und Totschläger mit der „ihnen gebührlichen Straf" zu belegen seien, während aus der Verordnung: „Wie die Ambtleut und Befehlhaber sich mit der Bestrafung und Brüchten zu halten" immerhin hervorgeht, daß sowohl der Mörder als auch der Totschläger peinlich zu strafen seien und das Leben verwirkt hätten[271]). Auch die Karolina bestimmt im Artikel 137 nur, daß Mörder und Totschläger das Leben verwirkt haben. Über die Art der Todesstrafe sagt sie nur insoweit etwas, als sie feststellt, daß „nach gewonheitetlicher Gegend die fürsetzlichen Mörder vn Todtschläger einander gleich mit dem Rad gericht", und setzt hinzu: „darinnen sol vnterscheidt gehalten werden". Die Praxis des Kriminalgerichts Jülich hat denn auch, wohl in Anlehnung an diese Bestimmung, Mord und Totschlag unterschiedlich behandelt. So berichtet das Gutachten der Schöffen über eine Mordtat in Wassenberg aus dem Jahre 1566/78: „. . . und können bey uns nach aller umstende betrachtung nit anders erfinden, dan als ermelter beclagter vermög gottlicher und gemeiner beschriebener rechten, auch nach altem herkommen, und der

[268]) Hauptgericht Jülich Nr. 25 (1566), Nr. 132 (1689).

[269]) Karolina Art. 147; Hauptgericht Jülich Nr. 25 (1566) und Nr. 132 (1689).

[270]) Hauptgericht Jülich Nr. 26 (1566), Nr. 72 (1602), Nr. 94 (1627), Nr. 96 (1628), Nr. 102 (1654), Nr. 106 (1660), Nr. 173 (1714).

[271]) Jülich-Bergische Polizeiordnung, Ausgabe 1696, S. 7 und 65 f.

keyserlicher haltzgerichtz ordnung das leben verwirkt, und mit dem schwerdt zu straffen sey". Auch das Gutachten des Jahres 1689 lautet auf Tod durch das Schwert.

Auch die fahrlässig begangene Tötung unterlag der Bestrafung. Im Jahre 1690 hatte ein Beklagter beim Dreschen seine Frau mit dem Dreschflegel erschlagen. Wie die Akten zu erkennen geben, war er ein „stockblinder mensch". Das Kriminalgericht sieht die Fahrlässigkeit des Beklagten darin, daß er, obwohl er sich seines körperlichen Defekts und der damit verbundenen Gefahren bewußt war, keine größere Vorsicht beim Dreschen angewandt hat. Jedoch bestraft es diese fahrlässige Tat milder als die vorsätzliche. Es erkennt ihn „in ansehung, daß unwissent, seine fraw getroffen, von der straf des frawen morts loß und ledig, und zu wohlverdienter straf und anderen zum abschreckenden exempel mit dem schwerd vom leben zum todt zu richten"[272]).

Die strafbare Handlung kann sowohl durch ein Tun als auch durch Unterlassung geschehen. Als strafbare Unterlassungen werden vor allem Verstöße gegen die aus dem verwandtschaftlichen Verhältnis entspringenden Sorgepflichten betrachtet. So wird im Jahre 1740 eine Frau „wegen dessen daß sie bey ihrer tochter kindbeth ihre mütterliche pflicht nicht beobachtet, sondern boßhaftig underlassen" verurteilt, der Execution ihrer Tochter, die das Kind in der Geburt getötet hat, beizuwohnen, um dann mit Ruten empfindlich geschlagen und aus dem Lande getrieben zu werden[273]).

Obwohl uns nur diese zwei Gutachten über Mord vorliegen, ist der Schluß gerechtfertigt, daß der Mörder nach der ständigen Rechtsprechung des Kriminalgerichts den ehrlichen Tod durch das Schwert erleiden mußte. Sicherlich ist kein Mörder mit dem Rad gerichtet worden, wie es die Karolina vorsah und es auch in anderen Gegenden Deutschlands üblich war[274]). Jedenfalls besteht eine große Wahrscheinlichkeit hierfür.

Der Totschlag wurde in Anlehnung an das alte fränkische Bußsystem bis in die Mitte des 17. Jahrhunderts hinein durch einen „abtragh" an die Freunde des Getöteten und den Herzog gesühnt. Der Totschläger hatte sich durch den Abtrag an den Herzog den Frieden, den er durch seine Tat gebrochen hatte, erneut zu erkaufen. 1566 werden zwei Beklagte, die „sich gedachtz Petern Holltzschneidders geclagter entleibung nit genugsamb purgirt noch verthedingt, derohalben dieselb hochgedachtz unses gnädigen fursten und herrn fürstentumben uff zwei jair" verwiesen[275]). Außerdem

---

[272]) Hauptgericht Jülich Nr. 133 (1690).
[273]) Hauptgericht Jülich Nr. 172 (1714).
[274]) Schindler, Verbrechen und Strafen im Recht der Stadt Freiburg i. Br. (Veröffentlichungen a. d. Archiv der Stadt Freiburg i. Br., 7), Freiburg i. Br. 1937, S. 225.
[275]) Hauptgericht Jülich Nr. 26 (1566/78).

mußten sie „gedachtz entleibten haussfrawen ein jeder vunffzig goldtgulden erlegen und hochgemelt vnsserem gnedigen fursten und herren abtrag" leisten. Wilhelm Seulen, der wegen eines Totschlags, begangen an Wilhelm Kremer, in „langwiriger und beschwerliche gefengknis" gesessen war und dabei eine schwere Leibesbeschädigung erlitten hatte, wird dieserhalb „von dero f. abtrags absolvirt"[276]). Johann Nellis, angeklagt, den Conen Krieger erschlagen zu haben, wird im Jahre 1629 verurteilt „derwegen ihrer durchlaucht unserem gnedigen herrn abtragt zu thun, auch mit dem opponenten alss des entleibten vattern sich abzufinden, darzu den artztlohn und verpflegungscosten zu verrichten und vor die armen zwey malter roggen auszuschenken"[277]). Die Höhe des Abtrags überließ das Gericht der freien Übereinkunft der Parteien. Kamen die Parteien nicht überein, sei es, weil die Forderung des Klägers zu hoch, sei es, daß das Angebot des Beklagten zu niedrig war, so griff das Kriminalgericht auf den Anruf der Parteien ein und vermittelte den Vergleich. Als in dem oben genannten Prozeß der Kläger vom Beklagten 100 Ggld. Abfindung verlangt, wird vom Beklagten das Gericht angerufen, weil er diese Abfindungssumme als zu hoch ansieht. Das Kriminalgericht stellt fest, daß die Forderung „nach gestaldt dieser sachen undt gelegenheit der persohn ubermessigt" sei. Die Höhe des Abtrags an den Herzog, den der Beklagte zur Wiederherstellung des gebrochenen Friedens zu leisten hatte, bestimmte sich nach der Vermögenslage des Verurteilten, die auf dem Verwaltungswege durch Einholung eines Gutachtens des Amtmanns, in dessen Amtsbezirk das Vermögen des Verurteilten lag, festgestellt wurde. So war der Cornelius Müller aus Laurenzberg im Jahre 1608 verurteilt worden, sich mit den Verwandten des von ihm erschlagenen Johann Krichel zwecks einer Abfindung zu vergleichen und dem Herzog „abtragd" zu leisten. Auf Grund seiner Vermögenslage schlägt der Amtmann 12 Ggld. Abtrag vor. Die Regierung erklärt sich mit der Höhe des Abtrags einverstanden, da der Beklagte „ein mehrers zuerlegen unvermogen"[278]).

Ob von der zweiten Hälfte des 17. Jahrhunderts ab eine peinliche Bestrafung des Totschlägers stattfand, steht nicht mit Sicherheit fest, da Akten über einen Totschlagsprozeß für die Zeit nach 1661 nicht vorhanden sind.

Notwehr.

Der wegen Totschlags Angeklagte konnte sich damit verteidigen, daß er Notwehr vorschützte. Schon das Landrecht von 1537 bestimmt, daß „eyn yecklicher der geslagen wyrdt, mach sych syns lyffs er-

[276]) Hauptgericht Jülich Nr. 72 (1602).
[277]) Hauptgericht Jülich Nr. 94 (1627/29).
[278]) Hauptgericht Jülich Nr. 84 (1608).

weren und off der anhever doit geslagen wurde, ist der ghynner, die noitwer dede, neit plychtig noch schuldich deme heren noch ouch den frunden enche besseronghe zu doin"[279]). Dieser gewohnheitsrechtliche Notwehrbegriff hatte in der Praxis, wie auch die übrigen Bestimmungen des Landrechts von 1537 keine Bedeutung. Voraussetzung einer rechten Notwehr war, daß der Angegriffene nicht ohne „verletzung seines Leibs, Ehr und guten Leumunds" entweichen konnte[280]). Diese Begriffsbestimmung entspricht der des Art. 140 der Karolina genau und ist von den Schöffen wohl hier entnommen worden. Der Beweis der Notwehr obliegt dem Beklagten. Er hat zu beweisen, „daß er dermaßen unnd gewapffneter handt von dem entleibten beangstiget und bedrängt gewesen were, daß er ohn gefhar leibs unnd lebens denselben nicht hette entkommen mogen"[281]). Konnte der Angegriffene ohne Gefährdung seines Leibes oder Lebens und ohne Verlust der Ehre entweichen, so durfte er seinen Gegner nicht angreifen oder gar töten. Griff er trotzdem zur Gegenwehr, so wurde er wie ein Totschläger bestraft. Selbst wenn der Entleibte durch sein Verhalten den Angriff herbeigeführt hatte, dann aber zurückwich und sich in seine Behausung zurückzog, um sich „friedlich darin zu verhalten", lag keine Notwehr vor.

Glaubte der Täter Ursache zur Notwehr zu haben, lag ein Angriff auf Leib und Leben jedoch in Wirklichkeit nicht vor, so war objektiv festzustellen, „wie viell unnd wenigh der thätter zur that ursach gehatt habe"[282]). Hieraus geht hervor, daß der Täter je nach Überschreitung der Notwehr gestraft wurde. Hatte er die rechte Notwehr weit überschritten, so wurde er unter Umständen am Leben gestraft, war sie nur wenig überschritten, so wurde er „ahn leben oder aber zur buss und besserung" gestraft.

War nach der Karolina (Art. 140) Notwehr nur dann gegeben, wenn der Angreifer den Angegriffenen mit tödlichen Waffen anfocht oder anlief, so wurde in der Praxis des Kriminalgerichts Notwehr auch dann anerkannt, wenn der Täter den Angreifer seines Hab und Guts tötete[283]). Auch hier trat wegen der Höhe der Strafe eine Abwägung des Wertes der Güter ein. Straflos ging der Täter nur dann aus, wenn es sich um ein besonders wertvolles Gut handelte, dessen Schutz die Tötung eines Menschen rechtfertigen konnte. Der angestiftete Schaden mußte mit dem Menschenleben „in proportion" stehen; der Täter mußte den Getöteten vergebens gewarnt haben und eine andere Möglichkeit als die Tötung durfte es zur Überwindung des Gegners nicht geben. Hatte der Täter diese Voraussetzungen nicht eingehalten, so hing auch hier, wie bei dem ver-

[279]) Jülicher LR Art. 2.
[280]) Hauptgericht Jülich Nr. 46 (1587).
[281]) Hauptgericht Jülich Nr. 46 (1587).
[282]) Hauptgericht Jülich Nr. 46 (1587).
[283]) Hauptgericht Jülich Nr. 113 (1662).

muteten Angriff auf Leib und Leben, die Höhe der Strafe von der Größe der Überschreitung ab. Sie konnte dem Täter das Leben kosten oder auch nur eine Buße herbeiführen.

Ehegattenmord.

Als besonders strafwürdiges Verbrechen sah das Kriminalgericht den Gattenmord an. Bei der Tötung des Ehegatten wurde, soviel aus dem einzigen vorhandenen Urteil zu ersehen ist, eine Unterscheidung zwischen Mord und Totschlag nicht getroffen. Thonis Schieffer, der seine Frau beim Dreschen erschlagen hat, wird nur deshalb „des frawen morts loss und ledig" gesprochen, weil er „ein stockblinder mensch" und „unwissend war, seine fraw getroffen zu haben"[284]). Obwohl also die Schöffen sich darüber klar waren, daß der Beklagte „unwissend war", hat es doch eine Bestrafung des Beklagten nach den Bestimmungen über den Frauenmord in Erwägung gezogen. Welche Strafe es allerdings verhängt haben würde, wenn der Beklagte seine Frau vorsätzlich getötet hätte, können wir leider nicht feststellen. Da Thonis Schieffer, obwohl die Tatumstände für einen Unglücksfall sprechen, „zu wolverdienter Straf und andern zum abschreckenden exempel mit dem schwerd vom leben zum todt zu richten" verurteilt wird, ist anzunehmen, daß der Gattenmord im allgemeinen eine schwerere Bestrafung erfuhr.

Kindesmord.

Die Karolina verlangt für Kindesmörderinnen „den Tod mit dem pfal". Doch auch diese Art der Todesstrafe ist in der Praxis des Kriminalgerichts, wie wir mit Sicherheit annehmen dürfen, nie angewandt worden, denn die Schöffen stellen in einem Gutachten des Jahres 1714 fest, daß diese Todesstrafe ebenso wie das Ertränken „extra usum et observantiam in his partibus"[285]) sei. Grundsätzlich wurde die Kindsmörderin, die ihr Kind in oder gleich nach der Geburt tötete, mit dem Tode durch das Schwert bestraft. Qualifiziert wurde die Todesstrafe noch durch die Ausstellung des Hauptes auf einer Stange „ad majorem terrorem". Agnes Blum, die Magd des Sinziger Scharfrichters, wurde im Jahre 1729 „wegen gestandtlich ermordeten eigenen kindts mit dem schwerdt vom leben zum todt hinzurichten" verurteilt. Da sie in „langwiriger gefangenschaft" gehalten worden war, wurde sie „mit flechtung des haubts auf dem radt" verschont[286]). Schlimmer erging es dagegen der Lisbeth Strauß aus Jüchen im Jahre 1749, von der es heißt, daß sie „wegen dessen dass ihr lebendig zur welt gebrachtes kindt gleich nach der geburt in ein hemmet eingewickelt, ins strohbett gestecket und erstens

[284]) Hauptgericht Jülich Nr. 133 (1690).
[285]) Hauptgericht Jülich Nr. 172 (1714).
[286]) Hauptgericht Jülich Nr. 189 (1729).

dann zum fenster hinaus auf die brüggen und folgens morgens ins wasser geschmissen, ihr zu wohl verdienter straff und anderen zum abschreckenden exempel ahm orth des verbrechens mitt dem schwerdt zum todt hinzurichten und der Kopf durch den scharfrichteren auf eine stange zu stellen", verurteilt wurde[287]). Milder wurde dagegen ohne aus den Akten ersichtlichen Grund Catharina Hacken aus Broich bestraft. Wie die Akten mitteilen, wurde sie lediglich mit dem Tod durch das Schwert gestraft: „uff ersehung des verfolgss und allem vorbringen nach und auss einkommens churf. ggst. befehlchschreibens durch uns scheffen des haupt- und criminal gerichtz Gulich zu recht erkannt, daß Catharina Hacken wegen dessen dass dieselbe ihrer eigener geständniss nach vorsätzlicher und williger weisse ihr eigenes lebendig zur weldt gebohrenes kindt mit einem umb den halss gebundenen vnd zusammen gedräheten leinen tuch ersticket ihre zu wohlverdienter straff ..... uff der alhiessigen gewöhnlicher gerichtzstelle mit dem schwerdt vom leben zum todt hinzurichten, mithin den corper uff der richtstatt zu vergraben, allermassen hiermit erkant wird"[288]).

Raufhändel.

Geschah bei einem Raufhandel ein Totschlag, so war in den meisten Fällen der Täter nicht festzustellen. Eine Bestrafung wegen Totschlags konnte somit nicht erfolgen. Da man die Beteiligten nicht straffrei ausgehen lassen wollte, anderseits aber keine gesetzliche Bestimmung über die Bestrafung von Raufhändeln erlassen war, waren die Schöffen gezwungen, alle Beteiligten mit einer außerordentlichen Strafe zu belegen. Die „crimina extraordinaria" wurden, vor allem im 18. Jahrhundert, ein beliebtes Strafmittel für Straftaten, die nicht nach Gesetz, wohl aber nach freiem richterlichen Ermessen strafbar waren. Das Problem, Straftaten, die nicht nach dem Gesetz strafbar waren, auf dem Wege über die analoge Gesetzesanwendung zu strafen, hat bereits die Juristen kurz nach der Reception des römischen Rechts in Deutschland beschäftigt. Carpzov teilt mit, daß von der Möglichkeit, den verdächtigen Täter mit einer außerordentlichen Strafe zu bestrafen, bereits zu seiner Zeit reger Gebrauch gemacht wurde[289]). Die Höhe der außerordentlichen Strafe war in der Praxis des Kriminalgerichts beim Raufhandel lediglich abhängig von der Schwere des Tatverdachts. Der am meisten Verdächtige, der Rädelsführer oder derjenige, der zuerst den Handel angefangen hat, wird am schwersten bestraft. Recht deutlich ist dies aus einem Urteil des Jahres 1714 ersichtlich: „In inquisitions undt expurgationssachen wider Anderß Blumers, Dederichen Meyer, Jo-

[287]) Hauptgericht Jülich Nr. 207 (1749).
[288]) Hauptgericht Jülich Nr. 172 (1714).
[289]) Carpzov, Questio 133 u. 33 ff.; Questio 634 u. v. Weber a. a. O., S. 658.

hannen Decker, Johannen Wildtgens, Peteren Schmitt, Linnarden Brungens, Johannen Lutzen, Linnarden Wassen, Dederichen Caspert, Leonard und Wilhelmen Gegers inquisitos undt expurgantes ist auß ersehung des verfolgs und allem vorbringen nach durch uns scheffen des haupt- und criminal gerichts Gulich zu recht erkannt, daß inquisiti wegen der an Petern Gördts unterm 21. Jänner letzthin beschehener tödtlicher verwundung undt darauff erfolgter todts in erwägung, daß der jenige, welcher .... dem todt gebliebenen Gördts die tödtliche wunden angebracht, nicht zu erfahren gewesen noch in actis sich erwiesen findet, zwarn a poena ordinaria lex Cornelia de Sicariis zu absolviren, gleichwohl aber dieselbe undt zwaren Anderß Blumers, Dederichs Meyer und Johan Deckers wegen dessen daß biß in die späthe nacht im wirtzhauß gezecht, mit karten gespielet undt auff das von Johannen Deckers beschehenes zuflüstern zum zimmer herauß und den todtgebliebenen Gördts biß in den baumgarten nachgelaufen undt so forth der Anderß Blumers den todtgebliebenen ordentlich bey den kopf ergriffen, gemelter Dederich Meyer aber mit einem in handen gehabten holtz diesem streit beygewohnet, den Johannen Jacobs geschlagen, wie nicht weniger auch der Johan Decker diesem allem zugegen gewesen, den Gördten angegriffen, undt durch dieses alles sich insgesamt an der tödtlichen verwundung verdächtig undt pflichtig gemacht, ihnen zu wohl verdienter straf und anderen dergleichen muthwilligen gesellen zum abschreckenden exempel auff ein halb jahr ad opus publicum zu condemniren, diese straf aber einen jeden mit 50 Ggld. zu redemniren frey zu stellen, der wirth Hermann Linnards aber darumb, daß er seine gast biß in die späthe nacht aufgehalten, in eine brücht von sechs Ggld. undt alle übrigen obgemelt wegen ihres späten zechens undt karten spielens undt zwaren einen jeden in eine brücht von vier Ggld. zu declariren"[290]).

In einem anderen Prozeß desselben Jahres sind etwa 17 Beklagte, junge Leute im Alter von 15 bis 27 Jahren, teils aus Dremmen und teils aus Borselen, angeklagt, den Zintz Schröder aus dem Dorfe Horst bei einer Rauferei getötet zu haben. Der Anführer Conen, von dem festgestellt wird, daß er „mit einem knüppel, undt zwaren von einer Eschen versehn denen übrigen Porseler unndt anderen jungen sich mit zugesellet habe", wird, da „nirgends erwisen, ob inquisitus den todtgebliebenen Tintzen Schröder den fatalen todtlichen schlag gegeben", mit einer außerordentlichen Strafe von vier Monaten „Vestungs-Arbeit, welche straff mit zwanzig fünf Ggld. zu redimiren" belegt.

Die erkannte Festungsbaustrafe war, wie ersichtlich, mit Geld ablösbar. Die Höhe der Geldablöse war verschieden. Sie stand auch

[290]) Hauptgericht Jülich Nr. 178 (1714).

nicht immer im gleichen Verhältnis zu der Höhe der erkannten Freiheitsstrafe. Bei der Festsetzung der Geldablöse muß daher die Vermögenslage des Beklagten eine bestimmende Rolle mitgespielt haben.

II. Die Vermögensdelikte.

Der Raub.

Der Raub als die gewaltsame Wegnahme fremder Sachen wurde als Sonderdelikt des Landfriedensbruches betrachtet. Er kommt fast nur als Bandenvergehen vor und wurde hauptsächlich von entlassenen herrenlosen Soldaten, die sich auf irgendeine Weise den Unterhalt verschaffen mußten, begangen. Die Bestrafung dieser Räuberbanden war recht unterschiedlich. Geldrische Soldaten, die im Jahre 1604 das Jülicher Land raubend und plündernd durchzogen, wurden mit dem Schwert gerichtet[291]). Neun Soldaten der Generalstaaten, die dem Kaufmann Leonhard Frantzen „uff dem Aacher Busch" aufgelauert und ihm „ein par hantschen, neben noch drey par hantschen, so mit golde bordirt und für den herrn zu Bredenbendt bestalt" abgenommen hatten, wurden ebenfalls mit dem Schwert gerichtet[292]).

Schlimmer erging es zwei weiteren Soldaten aus den Generalstaaten, die im Jahre 1592 einen Mann überfallen und ausgeraubt hatten. Sie wurden mit dem Schwert hingerichtet und ihr Körper auf ein Rad gelegt[293]). Diese Art der Todesstrafe, weiterhin noch qualifiziert durch die Ausstellung des Kopfes auf einer Stange, wurde vor allem dann nach ständiger Übung des Kriminalgerichts verhängt, wenn die sich der Räuber erwehrenden Personen gebunden und geknebelt wurden. Als 1740 der Landbote Schnarren mit einigen Komplizen bei dem Pfarrer von Heppendorf eingebrochen war, diesen geknebelt und daraufhin dessen in verschlossenen Kisten aufbewahrtes Geld weggenommen hatte, wurden sie mit dem Schwert gerichtet. Der Körper der Gerichteten war auf ein Rad zu legen und der Kopf auf einer Stange zu befestigen zum abschreckenden Beispiel anderer Verbrecher. Die Schöffen fügen dem Urteil die Bemerkung hinzu: „welche lehr in dergleichen mitt gewaltsamber bind- und knebelung aussgeübter rauberey in hiessigen landen jederzeith gefolgert und zum öfteren von uns judicirt worden ist"[294]).

Wilhelm Müller und Engelbert Zilles, die auf dem Rhein 1709 zwei Schiffe angehalten und ausgeplündert haben, werden ebenfalls mit dem Tode gestraft. Erschwerend fällt ins Gewicht, daß sich die Beklagten in französische Kriegsdienste begeben hatten. Aus diesem

---

[291]) Hauptgericht Jülich Nr. 75 (1604).
[292]) Hauptgericht Jülich Nr. 76 (1604).
[293]) Hauptgericht Jülich Nr. 65 (1592).
[294]) Hauptgericht Jülich Nr. 200 (1740).

Grunde wird gegen Engelbert Zilles erkannt, daß er „wegen derselben verübten übeltaten und weil er die landesfürstlichen kriegsdienste pflichtvergessener weise verlassen, darnach in des heiligen Römischen reichs offenbaren frantzösischen feyend hingangen" mit dem Strang gerichtet werden solle. Sein Komplice Wilhelm Müller muß die ehrliche Strafe des Schwertes erleiden[295]). Der Welsche Anderssen Paulissen, der entgegen dem herzoglichen Kornausfuhrverbot Frucht aus dem Jülichschen ins Spanische schmuggeln wollte, wurde am „Bossweiler busch" überfallen und mit einem Stock übel traktiert. Die Täter Heinrich Zopp, Arnold Joachims, Sebastian Kalss, Johann Bruill, Jakob Thederichs und Con Muschenbergh wurden gefaßt und von dem Kriminalgericht zu einem Jahr Festungsbauarbeit wegen des Überfalls verurteilt[296]). Die Schöffen gehen dabei von der Erwägung aus, daß dem „Publikum" an der Sicherheit der ordentlichen Landstraßen viel gelegen sei, weshalb eigentlich die Todesstrafe verhängt werden müsse. Die Delinquenten hätten jedoch das geraubte Gut wieder erstattet, ihre Tat sofort eingestanden und die Fruchtsteuern mit 20 Schillingen deponiert.

Der Diebstahl in seinen verschiedenen Erscheinungsformen.

Wenn man das heute noch vorhandene Aktenmaterial des Kriminalgerichts Jülich zum Maßstab nehmen darf, dann müssen wir feststellen, daß der Diebstahl in seinen vielfältigen Erscheinungsformen das am meisten begangene Delikt im Herzogtum Jülich war. Über 25 Prozent aller Kriminalprozesse waren hiernach Diebstahlsprozesse. Am seltensten kommt der einfache Diebstahl vor. Dies liegt weniger an einer besonders großen verbrecherischen Energie der Diebe, als vielmehr daran, daß die gesetzlichen Voraussetzungen des einfachen Diebstahls sehr strenge waren. Das Kriminalgericht hatte sich in bezug auf die Diebstahlsdelikte die Bestimmungen der Karolina zur Grundlage der Rechtsprechung genommen[297]). Ein einfacher Diebstahl konnte deshalb nur dann angenommen werden, wenn es der erste Diebstahl des Beklagten war und der Wert des gestohlenen Gutes 5 Dukaten nicht erreichte. Diese Summe war im Verhältnis zur Kaufkraft des Geldes sehr niedrig. Wurde ein gutes gängiges Pferd gestohlen, so übertraf der Wert des Pferdes im Jahre 1731 „die strangmässige summe von 5 ducaten beynahe mehr als drey mal"[298]).

Nach der Karolina sollte der einfache Diebstahl, wenn der Dieb nicht in der Lage war, dem Geschädigten eine Geldbuße in Höhe des doppelten Wertes der gestohlenen Sache zu zahlen „mit dem

---

[295]) Hauptgericht Jülich Nr. 162 (1709).
[296]) Hauptgericht Jülich Nr. 167 (1713).
[297]) Karolina Art. 157—164.
[298]) Hauptgericht Jülich Nr. 111 (1662); Nr. 194 (1731).

Kercker, darinn er etliche zeitlang liegen" gestraft werden[299]). Die Praxis des Kriminalgerichts verhängt jedoch bis weit in die zweite Hälfte des 17. Jahrhunderts hinein noch eine peinliche Strafe. Niclas Chevy, der im Jahre 1660 bekennt, „aus einer nit versperter kasten ein lacken, ein par schuh und etlige hemmeter, zwey zinnen schossel und ein leuchter" gestohlen zu haben, wird mit dem Pranger, der Ausgeißelung und der Verweisung auf ewig gestraft[300]). Vom Beginn des 18. Jahrhunderts ab wird die Festungsbaustrafe zur beliebtesten Strafe für den einfachen Diebstahl. Dem richterlichen Ermessen war durch die Einführung dieser Strafe weitgehender Spielraum gegeben. Als Johann Tribels und Lambert Cremer im Jahre 1709 im Amt Caster Stoff stehlen, werden sie, da das gestohlene Gut dem Geschädigten wieder ausgehändigt werden kann, zunächst am Ort des Verbrechens „auf ein halb tagh lang ahn den Pranger" gestellt. Der Haupttäter Lambert Cremer wird dazu zu einer eineinhalbjährigen Festungsbaustrafe verurteilt, während Johann Tribels als „abtrager und beyhilfer" mit einem Jahr Zwangsarbeit davonkommt[301]).

Zu den einfachen Diebstählen können auch die Frucht- und Getreidediebstähle gerechnet werden. Auch ihre Aburteilung gehörte zur Zuständigkeit des Kriminalgerichts, während die leichteren Feld- und Gartendiebstähle vom Rat der Stadt Jülich innerhalb seiner Zuständigkeit der niederen Gerichtsbarkeit mit dem Pranger bestraft wurden. Die Prangerstrafe für diese Delikte war bereits in dem Herrengeding vom 4. Mai 1615 festgesetzt[302]).

Als Catharina Cremers und ihr minderjähriger Sohn Johann im Jahre 1662 beim Roggendiebstahl ertappt wurden, wurden sie „wegen begangener offentlicher früchte diebstahls, darüber sie ertappt und betretten" mit dem Pranger gestraft. Dazu waren sie mit Ruten zu streichen und des Landes zu verweisen[303]). Johann Rütten und Mattheiss Steinbusch bekennen: „zu Wassenberg aus des Henrich Rahmen nach und nach auss dessen scheuren, hauss und den sollern vndt zwarn zum erst ungefähr drey sumbern roggen, zum andern noch sechs fass roggen, drey fass weizen, sechs fass gersten undt ein fass habern, zum dritten 40 pfund fleisch vndt zum vierten mahl zwei stück geraucht fleisch vom rauchhaus entfrembdet . . ." zu haben. Sie werden in eine Geldstrafe von 30 Ggld. genommen und müssen außerdem den Bestohlenen völlig abfinden[304]).

[299]) Karolina Art. 157.

[300]) Hauptgericht Jülich Nr. 105 (1660).

[301]) Hauptgericht Jülich Nr. 159 (1709). Ein Beklagter, der aus einem nicht verschlossenen Schränkchen 3 Rthlr. 7 Schilling gestohlen hat, wird im gleichen Jahr zu ½ Jahr „ad opus publicum" verurteilt. Gerard Fromeissen, der „ein par strümpf, vier hemmeter und zwey Schillinge, also zusammen die werth von 4 rthl. entfrembdet hat", wird auf ein Jahr zur Festungsarbeit verdammt (Hauptgericht Jülich Nr. 202 [1740]).

[302]) Kuhl a. a. O., Bd. 1, S. 106; Bd. 3, S. 268.

[303]) Hauptgericht Jülich Nr. 110 (1662).

[304]) Hauptgericht Jülich Nr. 127 (1684).

Der Dieb, der den Diebstahl mit Wehr und Waffen oder mittels Einsteigen oder Erbrechen von Behältnissen begangen hatte, wurde mit dem Strang gestraft. Ebenso wurde mit einem Dieb verfahren, der zum dritten Mal oder Sachen von 5 Dukaten Wert und darüber gestohlen hatte. Diese schweren oder „gefehrliche" Diebstähle wurden meistens von mehreren gemeinschaftlich begangen. Gillis Jerusalem, genannt Meurer, bekennt, einen Einbruchdiebstahl in Laurenzberg und zu „Kettenis im landt von Limburg" begangen zu haben. Der Wert des entwendeten Gutes wird auf 54 rthl. geschätzt. Er ist nach dem Urteil der Schöffen „mit dem strick am galgen vom leben zum tod" zu bringen[305]). Ägidius Wirts aus dem Amt Aldenhoven hat sechs Diebstähle zu Venraeht, Holzweiler, Weisweiler und Scherpenseel gestanden. Es sind teils schwere, teils einfache Diebstähle. Auch er muß den Tod durch den Strang erleiden[306]). Eine Diebesbande von etwa 12 Personen, die lange Zeit die Gegend um Odenkirchen und Venlo unsicher gemacht hatte, wird aufgegriffen. Sie hat 125 nachgewiesene Diebstähle ausgeführt. Die Mitglieder dieser Bande sind dann auch fast alle mit dem Strang gerichtet worden[307]).

Zu den schweren, mit dem Tode zu bestrafenden Diebstählen zählte auch der Pferde- und Fischdiebstahl, wenn das Pferd 5 Dukaten wert war und der beim Fischdiebstahl angerichtete Schaden 50 Reichstaler betrug. So wollen die Schöffen im Jahre 1662 einen Matheiß Nagelschmidt aus Edinghausen mit dem Tode durch den Strang strafen, obwohl es der erste Diebstahl des Beklagten ist. Da er aber freiwillig gestanden hat und auch minderjährig ist, wird er, „weil das pferdt vielleicht keine fünfzig Thaler werth, von dem geschrey scandal und aufruhr nichtz dociert, der beschedigte auch nichtz verarmt, noch deß diebß condition sonst graviert weniger zum diebstahl gestiegen oder gebrochen ist ...", mit der peinlichen Strafe des Prangers gestraft[308]). Ebenso wird Wilhelm Wolff, der während der Nacht aus einem Stall eine Stute entführt hatte, nur deshalb nicht mit dem Strang gestraft, weil das Pferd nachgewiesenermaßen nur 22 Taler wert war[309]). Er ist nach dem Urteil des Kriminalgerichts „mit ruthen wol empfindlich auszustreichen und unseren landen gegen geschworen urpfedt auf ewigh zu verweisen". Die Fischdiebe Hans Wilhelm Hack, Hans Adam Hack, Gerhard Winekens und dessen „halbbürtig brudersohn" haben den „heydenrather churfürstl. cameral-weyer", der an die „wittib Decker" verpachtet war, „nächtlicher weile" abgelassen und ausgefischt. Obwohl der Schaden auf

[305]) Hauptgericht Jülich Nr. 89 (1616).
[306]) Hauptgericht Jülich Nr. 164 (1711).
[307]) Hauptgericht Jülich Nr. 194 (1731). Peter Bleybuir wird wegen Diebstahls und Erpressung mit Ruten gestrichen, mit der Brandmark gezeichnet und darauf des Landes verwiesen (Hauptgericht Jülich Nr. 199 [1736]).
[308]) Hauptgericht Jülich Nr. 142 (1697).
[309]) Hauptgericht Jülich Nr. 142 (1697).

über 50 Reichstaler geschätzt wird, wird auf Strangstrafe nicht erkannt, denn so führen die Schöffen aus: „Zwaren würde in dem fall, das valor dieser furti also beschaffen, dass dardurch ad poenam laquei geschritten werden konnte, in rechtliche bedenken zu ziehen sein ... dass diesser schaden einem jeden der ubelthäter nur zu einem viertentheil zu last zu stellen und dieser ein viertentheil die strangmässige summe von fünf ducaten in gold nicht austraget ...". Die Diebe werden daher zu eineinviertel Jahr Festungbauarbeit verurteilt. Da er sofort gestanden und die Bestohlene um Verzeihung gebeten hat, wird dem Hans Wilhelm Hack gestattet, die Strafe von eineinviertel Jahr Festungsbauarbeit durch die Zahlung einer Brüchte von 6 Goldgulden abzuwenden[310]).

Das strafwürdigste Verbrechen war der Kirchen- und Opferstockdiebstahl. Das partikulare Recht des Herzogtums hebt den qualifizierten Kirchendiebstahl nicht besonders hervor, während die Karolina in den Art. 172—175 die Todesstrafe fordert. Da sie jedoch keine bestimmte Todesstrafe benennt, war es den Schöffen in der Praxis freigestellt, welche Todesstrafe zu verhängen war. In einem Prozeß des Jahres 1730 befaßt sich das Kriminalgericht mit Catharina Pollmans, die wegen Beihilfe zum Kirchendiebstahl angeschuldigt ist. Wie sie bekennt, hat ihr Ehemann Friedrich Meyer mit seinen Spießgesellen den Rather Kirchendiebstahl und die Ausplünderung des Capuzinerhofs bei Benrath „vermittels gewaltsamer ein- und zerbrechung einer schier anderthalben zoll dicken eisenstangen, abschlagung deren schlosseren von dem opferstock, frühe messen und muttergottes kisten" begangen[311]). Die Schöffen sind der Meinung, daß der Kirchen- und Opferstockdiebstahl grundsätzlich mit der Radbrechung des lebenden Täters zu bestrafen sei. Aber auch Carpzov sei, so führen sie aus, der Meinung, daß „ahnstatt der in sacrilegio statthabender lebendiger radbrechung der delinquent mit dem schwerdt hinzurichten und der cörper auff das rath zu pflechten seye". Ob ein Kirchendieb einmal mit dieser Strafe belegt worden ist, kann nicht festgestellt werden, da hierüber keine Akten vorliegen. Im vorgenannten Falle wird die Pollmans wegen Beihilfe zu diesen Diebstählen mit dem Tode durch das Schwert bestraft. Die Juden Jakob Salomon aus Amsterdam und Israel aus Prag werden, weil sie „bei nächtlicher weil die capell St. Barbara zu Polheim ambts Berchem und die opferstöck darinn zu erbrochen und darin die gewesene gelder mehreren theils gestohlen und damit flüchtigen fueß gesetzt aber darüber ertapfet worden, anderen zum abscheulichen exempel, ihnen selbsten aber zu woll verdienter straf in loco delicti mit dem strang vom leben zum todt hinzurichten" verurteilt[312]).

[310]) Hauptgericht Jülich Nr. 190 (1729).
[311]) Hauptgericht Jülich Nr. 193 (1730).
[312]) Hauptgericht Jülich Nr. 146 (1698).

Bei Vorliegen mildernder Umstände wurde dem Dieb die erlittene Untersuchungshaft angerechnet. So wurde der Anna Catharina Kahrmanns „in absonderlichs mitbetracht, dass die gestohlenen sachen recuperirt worden seyen, die in gegenwärtigen winter bey strenger kälte beynahe ad vier monat lang ausgestandener kerker und arrest" auf die Strafe angerechnet. Sie wurde nach Verwarnung „einen besseren lebenswandel anzunehmen" entlassen[313]). Dagegen wurden Katharina und Maria Gilckens, die beide, weil sie acht Diebstähle begangen, eigentlich das Leben verwirkt hatten, aus Gnade von der poena ordinaria absolviert. Katharina als Haupttäterin war „in loco delicti zu Wilhelmstein mit ruthen wollempfindlich auszustreichen mit einbrennung einer brandmarken auf den Rücken zu zeichnen und nach ausgeschworner urpfedt de non vindicando carcere et non redeundo" auf ewig auszuweisen. Die jüngere Maria kam mit einer 14tägigen Kerkerhaft bei Wasser und Brot davon[314]).

Der Diebstahl in rechter Hungersnot erfuhr im Anschluß an Artikel 166 der Karolina eine besondere Behandlung. Es entspringt dem natürlichen Selbsterhaltungstrieb des Menschen, wenn schon früh die Verletzung eines fremden Rechtsgutes zum Schutze eines eigenen erlaubt wird[315]). Die Praxis des Kriminalgerichts läßt den Diebstahl in rechter Hungersnot im Anschluß an Carpzov[316]) nur dann straffrei, wenn der Diebstahl zur Abwendung des Hungertodes notwendig war, in anderen Fällen hatte er nur eine Strafmilderung zur Folge. Eine Strafmilderung trat deshalb nur bei Diebstahl geringwertiger Güter ein. Der Täter wurde mit einer außerordentlichen Strafe belegt, wenn er ein sog. „furtum magnum" begangen, das nicht direkt zur Abwendung des Hungers dienen konnte. So urteilen die Schöffen im Jahre 1709, als ein Dieb einen Diebstahl in Hungersnot vorschützt: „die vorgeschützte armuth unnd not kann nicht strafmildernd sein", weil der Beklagte eine zu große Summe Geldes auf einmal gestohlen hat, während eine kleinere Summe zu seinem „unendtbehrlichen underhalt genügt hätte"[317]).

III. Die Verbrechen gegen die Ehegesetze und die Sittlichkeit.

Mehr als bei anderen Delikten war die Rechtsprechung des Kriminalgerichts bei den Verbrechen gegen die Ehegesetze und bei den anderen Sittlichkeitsdelikten auf die gemeinrechtliche Wissenschaft angewiesen. Die Karolina setzt in den Art. 117—122 für Ehebruch und Blutschande keine genaue Strafe fest. Auch die landesherrliche

[313]) Hauptgericht Jülich Nr. 202 (1740).
[314]) Hauptgericht Jülich Nr. 147 (1699).
[315]) His, Gesch. d. Strafr. bis zur Karolina, S. 34.
[316]) Hauptgericht Jülich Nr. 145 (1698).
[317]) Hauptgericht Jülich Nr. 157 (1709).

Polizeiordnung statuiert nur eine Strafe „nach gebühr". Unter dem Einfluß der Reformation, die die Fleischesdelikte als die größte Sünde und Beleidigung Gottes ansah, hatten die Übertreter der Gebote der Sittlichkeit die härtesten Strafen zu gewärtigen. Gelegentlich der Aburteilung des Peter Münster aus Kleingladbach, der mit seiner Stieftochter Blutschande getrieben hatte, stellt das Gericht 1714 fest, daß die Todesstrafe für die „delicta adulterii" „ex consuetudine et observantia in hiessigen land und fast ganz Teutschland extra Saxonum" üblich sei[318]). Das Naturrecht brachte dann die Wandlung zu einer milderen Beurteilung.

Ehebruch.

Nach den kaiserlichen Rechten war der Ehebruch mit dem Tode zu strafen. Sie stützten dieses Strafgebot darauf, daß „auch die ehebrecher und ehebrecherinnen im alten testament nach gottes anordnung versteiniget worden"[319]) seien. Die Praxis des Kriminalgerichts hat, soweit sich dies feststellen läßt, jedoch eine so schwere Strafe in keinem Falle ausgesprochen. Es ließ in den meisten Fällen weitgehendst Milde walten. Bernhardt Schultheiss aus Nieder-Contz wurde im Jahre 1616 „wegen begangenen und bekanten ehebruchs" verurteilt, „kerze und steinen offentlich zu tragen"; außerdem wurde er des Landes verwiesen[320]).

Die Strafe des Stein- und Kerzetragens war eine Ehrenstrafe, die vielfach ausschließlich ein Strafmittel der Kirche war. Soweit die Akten erkennen lassen, ist die gleiche Strafe weder vorher noch nachher verhängt worden. Das Stein- und Kerzetragen war allerdings im Herzogtum nicht fremd. Ebenso wie in Jülich der Verurteilte ein Mann ist, wurde im Jahre 1597 in Linnich ein Beklagter „wegen seiner bekenntlicher widder Gottes Gebott und ermeldter Halssgerichtsordnung geübten verschiedenen Ehebrüche, unkeuschen leben und anderen beygepflichten unthaten und misshandlungen halber andern zu abscheulichen Exempel öffentlich mit Uffhangung der stein und brennender Kertzen in pranger oder Halseisen zu stellen und daselbst etliche Zeit auszubeussen . . ." gestraft[321]). Ebenso wird die gleiche Strafe noch 1684 vom Aachener Sendgericht verhängt[322]). Der Strafzweck war der gleiche wie bei der Prangerstrafe. Auch sie sollte den Delinquenten öffentlich erniedrigen und lächerlich machen. Die brennenden Kerzen waren dabei das Symbol der Buße[323]).

---

318) Hauptgericht Jülich Nr. 203 (1714).

319) Schindler a. a. O., S. 262 Anm.

320) Hauptgericht Jülich Nr. 88 (1616).

321) Krueckemeyer, Die Stadt Linnich. Ein Beitrag zur deutschen Rechtsgeschichte, Dissert., Tübingen 1897, S. 30.

322) Oppenhoff a. a. O., ZAGV Bd. 6, S. 44.

323) Eader-Weiß u. Bader, Der Pranger, ein Strafwerkzeug des Mittelalters, Freiburg 1935, S. 143.

Im allgemeinen war die Strafe des Stein- und Kerzetragens im 16. Jahrhundert in Deutschland schon verschwunden[324]). Im Herzogtum Jülich und im benachbarten Aachen hat sie sich, wie die angeführten Beispiele zeigen, noch bis ins Ende des 17. Jahrhunderts hinein gehalten.

Da der Strafzweck, wie bereits gesagt, der gleiche wie bei der Prangerstrafe war, muß angenommen werden, daß der Ehebruch in der Praxis grundsätzlich mit der Prangerstrafe bestraft wurde. Sind mildernde Umstände vorhanden, so kommt der Ehebrecher meistens mit einer Geldstrafe davon. Andreas Frings aus Pattern wird „wegen begangener ehebruch in eine straff von 20 ggld." genommen, weil es seine erste Straftat dieser Art war und weil er bei der Tat berauscht war[325]). Der verheiratete Angeklagte Nellen aus Caster, der mit der Dienstmagd Barbara Bierbaum verschiedentlich Ehebruch getrieben und sie geschwängert hat, wird zu einer Geldstrafe von 10 Ggld. verurteilt. Da die Ehefrau des Beklagten erklärt hat, sie verzeihe ihm die Tat, denn er sei „zu dem inquirirten verbrechen durch den trunck gerathen, derselb auch solch verbrechen von hertzen berewen thue", auch der Pfarrer und einige Nachbarn erklärt haben, daß „derselb sein verbrechen also berewe, daß in ein kleinmütigkeit gerathen derffte", wird sein Verbrechen so milde beurteilt. Die Dienstmagd Katharina Bierbaum wird „in ansehung daß sie durch verleitung den inquisitus Nellen zum fall gebracht, auch bald gebären werde und eine arme unvermögende persohn und dienstmagdt seye" vier Wochen „hinter den botten bei wasser und brod" gesetzt[326]).

Blutschande.

Wegen Blutschande wurde nicht nur der bestraft, der mit seinen eigenen nächsten Blutsverwandten geschlechtlich verkehrte, sondern auch der, der mit dem Verwandten des außerehelichen Beischläfers verkehrte. So wurde Veit Keulen 1583 wegen Blutschande bestraft, weil er nicht nur mit „Griet in der Schmitten außerhalb der ehe ein kindt gezilt und gleichfalls drey gantzen jar biß heran in horthumb gelebt", sondern daneben „auss fleischlicher entmödungh und zu mehrerer schandt und laster es darbei nit gelassen, obgemelter Grieten rechte eheliche schwester, Drudgen gnant, alsbald sie wie Griet zu seinem willen gehapt und in einem jar beschwengert und bei beiden in solcher unzucht und sodomitisch horthumb und unkeuschheit gesessen"[327]). Der Antrag des Generalanwalts lautet dahin, daß der Beklagte, „vermögh der rechten mit dem schwerdt

[324]) Künßberg, Über die Strafe des Steintragens (Untersuchungen z. deutschen Staats- u Rechtsgeschichte, hrsg. v. O. Gierke, Heft 9), Breslau 1907, S. 33.
[325]) Hauptgericht Jülich Nr. 139 (1694).
[326]) Hauptgericht Jülich Nr. 179 (1720).
[327]) Hauptgericht Jülich Nr. 41 (1583).

vom leben zum todt zuverdammen" sei, weil ihm „in oberzähltem horthumb, laster und blutschand mit nichten zu leben gezimpt noch gebürt". Da der Beklagte glaubhaft erzählt, daß er die Griet in der Schmitten habe heiraten wollen, er sie aber „armutzhalber nit geeheliget noch sie kleiden und die kirchen rechten betzalen konnen", ergeht das Urteil: „daß beclagter Vyt Kuillen wegen begangener blutschand des morgens umb acht biß zwölff uhren an den pranger gestellt, folgens mitt ruten durch den scharfrichter außgeprügelt und der durchl. und hochgebohren fürstenthumben, landen zu ewigen tagen verweist seye".

Die Catharina Bernhardz von Polheim hat zunächst mit Franz Palmen Ehebruch getrieben und darauf mit dessen Sohn Werner verkehrt. Sie wird deshalb „wegen begangener und bekannter blutschand und ehebruch ... an der gewohnlichen richtplatz mit dem schwerd vom leben zum tod hinzurichten ..." verurteilt[328]).

Beide Gutachten zeigen, daß die ordentliche Strafe für Blutschande die Todesstrafe durch das Schwert war. Mildernde Umstände brachten aber eine Milderung der Strafe nach sich.

Bigamie.

Die Doppelehe wurde nach der Praxis des Kriminalgerichts nicht mit dem Tode bestraft, obwohl in der Polizeiordnung[329]) die Todesstrafe durch das Schwert vorgesehen war. Die Bigamie muß in den Landen des Herzogs sehr selten vorgekommen sein. Als die Schöffen im Jahre 1734 Adam Cremer aus Kirchherten, der als Schönbornischer Dragoner nach Ungarn gezogen war und sich, obwohl er bereits verheiratet war, mit einer zweiten Frau kirchlich hatte trauen lassen, deswegen bestrafen sollten, wissen sie zunächst nicht, welche Strafe sie verhängen sollen[330]). Jedenfalls sind sie der Ansicht, der Beklagte könne nicht mit dem Tode bestraft werden: „gleich wie nun in hiessigen landen und mehr andern orthen adulterium extraordinarie bestrafft wird, also seind viele criminalisten der meinung, daß in solchen ortern auch bigamie mit dem todt nicht gestraft werde". Als Autorität führen sie Carpzov an.

Eine Stellungnahme zu dieser Frage bleibt ihnen im vorliegenden Falle jedoch erspart, „weilen daohne in subjecto caso solche umstendt vorkommen, warumb zur todtstraf nicht geschritten werden möge". Der Beklagte kommt mit einer Brüchte von 15 Ggld. davon.

Außerehelicher Beischlaf.

Das außereheliche Beilager wurde mit Pranger und Auspeitschung geahndet. So wurde Griet in der Schmitten in dem bereits genannten Prozeß des Jahres 1583 „wegen begangener unkeuschheit und hure-

[328]) Hauptgericht Jülich Nr. 90 (1618).
[329]) Jülich-Bergische Polizeiordnung, Ausgabe 1696, S. 15.
[330]) Hauptgericht Jülich Nr. 198 (1735).

rei von des morgens acht bis zu zwölff uhren an den pranger gestellt vnd folgens durch den scharfrichter mitt rutten ausgepeitscht". Eine Beklagte, der der außereheliche Beischlaf nicht nachzuweisen war, die jedoch im Verdacht stand, mit einem Flüchtigen „in bosser gemeinschaft" gelebt zu haben, wird in eine Brüchte von 8 Ggld. genommen[331]). 1744 wird Catharina Pütz, weil sie in Unzucht gelebt „und zwey kinder gezielet, forth wegen ihres gestanden beständig vagirens mit ruthen durch den scharfrichteren am pranger wohl einstündlich auszuhawen und solchem nach ausgeschworner urfehd auf ewig verwiesen"[332]). Die Strafverschärfung durch die Ausweisung ist darauf zurückzuführen, daß die Beklagte keinen festen Wohnsitz hatte und zu den „fahrenden Weibern" gehörte. Auch trug die Auspeitschung wegen ihres entehrenden Charakters fast stets die Landesverweisung nach sich. Sie entsprang dem Sicherungsgedanken, da man sich vor weiteren Straftaten des Verurteilten sichern wollte.

IV. Kapitel.

Der Strafvollzug.

Allgemeines.

War das Urteil durch den Herzog oder die bevollmächtigten Räte bestätigt, so wurde es dem Delinquenten publiziert[333]). Das Urteil war damit rechtskräftig und unanfechtbar. Nur das Urteil, das die Tortur aussprach, bedurfte der Publikation nicht[334]). Wie die Höhe der Strafe bis weit in die zweite Hälfte des 18. Jahrhunderts hinein vom Vergeltungs- und Abschreckungsprinzip bestimmt wurde, ehe hier der endgültige Durchbruch der Aufklärung eine der Schwere der Tat gerechtere Strafe herbeiführte, so war auch der Strafvollzug von den gleichen Prinzipien beherrscht[335]). Jede Sententia drückte diesen Zweckgedanken durch die Formulierung aus: „ihme zur wohlverdienter straff, andern zum abscheulichen exempel". Der Zweck des Strafvollzugs konnte nur erreicht werden, wenn er einem möglichst großen Publikum bekannt wurde. Um größte abschreckende Wirkung zu erzielen, geschah die Vollziehung des Urteils da, wo der Täter bekannt war, wo er Komplicen seiner Tat hatte oder wo seine Verbrechen am meisten ruchbar geworden waren. Nicht immer, regelmäßig erst seit der Wende des 17. und 18. Jahrhunderts, sprechen die Schöffen des Kriminalgerichts im Urteil den Ort der Vollstreckung aus[336]). Der Ort des Delikts erhält den Vorzug vor dem

331) Hauptgericht Jülich Nr. 180 (1721).
332) Hauptgericht Jülich Nr. 206 (1744).
333) Hauptgericht Jülich Nr. 206 (1744).
334) Inquisitionsreceß in criminalibus Art. 14.
335) Hauptgericht Jülich Nr. 146 (1698), Nr. 147 (1699), Nr. 200 (1740), Nr. 207 (1749).
336) Hauptgericht Jülich Nr. 146 (1698). Hier ist die Formel zum ersten Mal erwähnt.

Ort der Ertappung, der vor allem dann bestimmt wird, wenn der Delinquent Verbrechen im Ausland begangen hat[337]). Hat der Verurteilte Verbrechen an mehreren Orten begangen, so wird er in „loco ultimo" gerichtet[338]). Bei Verleumdungen und übler Nachrede hat er da zu widerrufen, wo die Verleumdungen geschehen sind und der Beleidigte vor seinen Volksgenossen in seiner Ehre herabgesetzt worden ist. Widerruft er nicht freiwillig, so werden ihm seine Liegenschaften und „Gereide" beschlagnahmt, um so den Widerruf zu erzwingen. Gelingt auch das nicht, so wird die erfolgte Verurteilung öffentlich bekanntgegeben und an öffentlichen Gebäuden, Rathaus- und Kirchentür angeschlagen und so zu jedermanns Kenntnis gebracht[339]).

Vollstrecker aller peinlichen Urteile war der Scharfrichter, der für jede Execution ein Entgelt erhielt. Der Jülicher Scharfrichter war von der Regierung angestellt und erhielt ein jährliches Fixum[340]). Im 16. Jahrhundert erhielt er „als vur syn Jairgehalt zo allen quatertember 25 goultgl.", also jährlich 100 Goldgulden. 1620 erhielt er 334 Gulden laufenden Geldes, ein Gehalt, das nicht höher war als das erstgenannte, da durch die Kriegszeiten eine erhebliche Teuerung eingetreten und die Kaufkraft des Geldes dementsprechend gesunken war[341]). Außerdem wurde ihm jede Tätigkeit noch gesondert bezahlt. 1714 erhielt er für eine Hinrichtung mit dem Schwert 1 Reichstaler, ebenso für eine Auspeitschung[342]). Seines Handwerks wegen war er ehrlos und jeder, der ihn anfaßte, wurde ebenfalls ehrlos[343]). Damit er sich von ehrbaren Bürgern unterschied, trug er eine besondere Kleidung, die ihm jährlich neben seinem Gehalt gestellt wurde[344]).

Die Execution von Geldstrafen oblag dem Vogt, in dessen Amt der Verurteilte eingesessen war[345]).

---

[337]) Die Reihenfolge ist in Hauptgericht Jülich Nr. 169 (1713) als von alters her üblich bezeichnet.

Als 1697 (Hauptgericht Jülich Nr. 142) Aldenhoven die Execution eines Urteils verweigert, weil im ganzen Amt kein „locus supplicii" sei, noch jemals „dergleichen execution" vollzogen worden sei, befiehlt der Herzog die Execution unter Androhung einer Ordnungsstrafe von 25 Goldgulden.

[338]) Hauptgericht Jülich Nr. 164 (1711), Nr. 169 (1713), Nr. 202 (1740), welches auch den Grund angibt: „dies um so mehr, als die meisten der diebsbande sich im amt Wassenberg aufhalten". Man sieht deutlich daran, daß die Komplicen vor weiteren Taten abgeschreckt werden sollen.

[339]) Hauptgericht Jülich Nr. 141 (1695). Das Urteil geht an das Gericht Linnich, das den Beklagten zitiert und ihm das Urteil publiziert. Die Schöffen haben gleichzeitig dem Gericht Anweisung erteilt, wie sie sich im Falle einer Weigerung des Verurteilten, den Widerruf zu leisten, zu verhalten haben.

[340]) Kuhl a. a. O., Bd. 2, S. 304.

[341]) Kuhl a. a. O., Bd. 2, S. 304.

[342]) Hauptgericht Jülich Nr. 172 (1714) die einzige Prozeßakte, welche eine Scharfrichterrechnung enthält.

[343]) Albrecht Keller, Der Scharfrichter in der deutschen Kulturgeschichte, Bonn und Leipzig 1921, S. 115.

[344]) Kuhl a. a. O., Bd. 2, S. 304. Die besondere Kleidung des Scharfrichters war vorgeschrieben durch die Reformation guter Polizey 1530 unter Titel: „Aller des heiligen Röm. Reichs gehaltener Reichsstände Ordnungen und abschiedt. Meyntz 1585 I. CCVII b: wo es heißt: „Es soll eine jede Oberkeit ein fleißiges Eynsehen thun, daß sich die Züchtiger, Nachrichter und Feldtmeister oder Abdecker mit ihrer Kleydung tragen damit sie vor andern erkennet werden mögen."

[345]) Hauptgericht Jülich Nr. 190, Bl. 55 ff. (1711).

Die Strafzumessung.

Kumulations- und Absorptionsprinzip wurden beim Zusammentreffen mehrerer strafbarer Handlungen sowohl im 16. Jahrhundert als auch noch im 17. Jahrhundert nicht scharf unterschieden. Waren die Delikte gleichwertig und zog schon eines von ihnen die Todesstrafe nach sich, so wurde in der Regel nur auf eine Art der Todesstrafe, auf Strang oder Schwert erkannt. Bei besonders schweren Delikten, wie Straßenschänderei und Bandendiebstahl, wurde nach dem Kumulationsprinzip die verwirkte Todesstrafe verschärft, was entweder durch die Flechtung des Körpers auf ein Rad oder durch Aufstecken des Hauptes auf eine Stange geschah[346]). Zeigt die Praxis nur diese Strafverschärfungen, so enthält eine Verordnung Karl Theodors vom Jahre 1744 noch weitere, so die Schleifung zur Gerichtsstatt oder die Verbindung einer Leibesstrafe mit anschließender Enthauptung[347]). Die Kumulation von Freiheits- und Ehrenstrafen, namentlich von Festungsbaustrafe und Pranger, ist vorhanden, auch wird die Leibesstrafe sehr oft mit Ehrenstrafen verbunden, was aber sowohl beim Vorliegen von nur einem Delikt, wie auch bei mehreren Delikten möglich ist. Prangerstrafe, Auspeitschung und Landesverweisung werden nebeneinander verhängt[348]). Wurde der Täter zu Festungsarbeit verurteilt, so konnte die Straferhöhung einfach durch Verlängerung der Festungsarbeitszeit geschehen[349]). Geringere Diebstähle erklärte das Kriminalgericht für absorbiert durch die schwereren und gibt sich nicht einmal die Mühe, dieselben restlos aufzuklären[350]). Wohl schon seit Carpzov huldigen die Schöffen dem erst 1736 von ihnen ausgesprochenen Grundsatz: „Poena vero major minorem absorbet"[351]). Gerade die Anwendung des Absorptionsprinzips brachte es mit sich, daß die Verbrechen entgegen dem vom Gesetzgeber geoffenbarten Willen nicht nachließen, sondern im Gegenteil offensichtlich noch zunahmen. Jeder Täter mußte bei einem verhältnismäßig geringen Diebstahl mit der Hinrichtung rechnen. Es konnte ihm daher gleich sein, ob er sich wegen mehrerer Diebstähle, wegen Raubes und Mordes zu verantworten hatte; wie jedes einzelne Delikt für sich allein, so konnten alle zusammen ihm auch nur das Leben kosten.

Die Rückerstattung des gestohlenen Gutes vor der Verhaftung galt als Strafmilderungsgrund[352]). Die Untersuchungshaft konnte auf die erkannte Strafe angerechnet werden[353]).

346) Hauptgericht Jülich Nr. 65 (1592), Nr. 200 (1740), Nr. 272 (1714): Ausstellung des Haupts auf einer Stange.
347) VO. vom 27. April 1744 (Scotti a. a. O., 1561).
348) Hauptgericht Jülich Nr. 41 (1583).
349) Hauptgericht Jülich Nr. 190, Bl. 33 ff. (1730); Nr. 203 (1741).
350) Hauptgericht Jülich Nr. 199 (1736).
351) Hauptgericht Jülich Nr. 199 (1736). Siehe für die ähnliche Entwicklung an anderen Orten: Schaffstein, Die allgemeinen Lehren von Verbrechen in ihrer Entwicklung durch die Wissenschaft des gemeinen Strafrechts, Berlin 1930, S. 216.

Die Strafe am Toten.

Der Tod des Delinquenten beendet das anhängige Strafverfahren. Die wegen Zauberei in Untersuchungshaft sitzende Entgen Weber wurde eines Morgens tot aufgefunden. Die Akten schließen mit der Feststellung, daß die Inquisitin eines natürlichen Todes gestorben sei[354]). Eine Prozeßakte des Jahres 1713 stellt fest, daß „einige beklagte verstorben sind". Von einer Bestrafung wird abgesehen, da sie „durch die gerechtigkeit gottes verurtheilt sind"[355]). Dies entspricht auch dem der Reformation entsprungenen Gedanken der Vergeltung. Der Täter sollte für seine Straftat Sühne leisten. Der Richter hatte die von Gott gewollte Ordnung auf Erden aufrecht zu erhalten. Starb der Delinquent, so wurde er nach dieser Auffassung von Gott selbst für seine Handlung gestraft. Die Duellgesetzgebung des Jahres 1692 kannte dagegen als Ausnahme hierzu die Vollziehung der Todesstrafe an dem toten Körper. Die im Duell Getöteten wurden, wenn sie adelig waren, vom Scharfrichter auf der Walstatt begraben, während die nichtadeligen Duellanten an den Galgen gehängt wurden, weil dem Ritterbürtigen der Tod durch das Schwert und dem Bürgerlichen der Galgentod angedroht war[356]).

Verjährung.

Eine Verjährung der Strafverfolgung kannte die jülicher Rechtspflege nicht[357]). Auch dies war ein Ausfluß der Reformation und desselben Gedankens, der eine Bestrafung der Toten nicht zuließ. Auch unter dem Einfluß der Aufklärung wurde die Verjährung der Straftaten als ungerechtfertigt und verwerflich abgelehnt[358]).

Die Hinrichtung.

Wie die Untersuchung aller heute noch vorhandenen Prozeßakten ergibt, kennt die Praxis des Kriminalgerichts nur zwei Arten der Todesstrafe, die Strafe des Schwertes und die Strafe des Stranges. Qualifizierte Todesstrafen, wie sie die Karolina in großer Zahl und Variation aufweist, finden wir in den Kriminalakten nur beim Raub verzeichnet. Die Qualifizierungen der Todesstrafen beschränkten sich, wie wir bereits sahen, auf die Flechtung des Hauptes oder des Körpers auf das Rad und die Aufstellung des Kopfes auf einer Stange[359]). Eine Räderung des Delinquenten von unten nach oben oder von oben nach unten oder eine ähnlich qualvolle Todesstrafe

[352]) Hauptgericht Jülich Nr. 158 (1709), Nr. 202 (1740).
[353]) Hauptgericht Jülich Nr. 145 (1698), Nr. 182 (1721), Nr. 196 (1731).
[354]) Hauptgericht Jülich Nr. 209, 5. Prozeß (1667).
[355]) Hauptgericht Jülich Nr. 167 (1713).
[356]) VO. siehe Scotti a. a. O., Nr. 807.
[357]) Hauptgericht Jülich Nr. 26 (1566: Totschlag vor 3 Jahren), Nr. 179 (1730: Unzucht vor 12 Jahren).
[358]) Schaffstein, Beiträge S. 208.
[359]) Hauptgericht Jülich Nr. 65 (1592), Nr. 172 (1714), Nr. 200 (1740).

ist nicht nachweisbar. Die Strafe des Vierteilens war im Herzogtum bekannt für die Verbrechen des Hochverrats, die jedoch nicht durch das Kriminalgericht, sondern durch die Regierung oder die Militärgerichte abgeurteilt wurden. Sie ist uns einmal in gemilderter Form bekannt geworden, indem dem Delinquenten zuerst der Kopf abgeschlagen und er daraufhin gevierteilt wurde. Sein Körper wurde an vier Landstraßen um Jülich aufgestellt, der Kopf an einen Pfahl geheftet[360]).

Diese, den Zeitverhältnissen nach milde Rechtssprechung ist um so verwunderlicher, als das Herzogtum Jülich im Laufe der Jahrhunderte recht bewegte Zeiten erlebt und sich selten eines rechten Friedens rühmen konnte. Die das Land heimsuchenden Kriegszeiten brachten, wie überall in Deutschland, eine Verrohung der Sitten und eine Steigerung der Kriminalität mit sich. Die fast zu jeder Zeit im Lande herumvagierenden entlassenen Soldaten der Nachbarstaaten raubten und plünderten die Einwohner auf gerade nicht sehr humane Art und Weise aus[361]). Zahlreiche Verordnungen gegen diese zur Landplage ausgewachsenen Zustände sprechen eine beredte Sprache. Wie sehr selbst noch zur Zeit der Regierung Karl Theodors das Land Mitte des 18. Jahrhunderts auf diesem Gebiete zu leiden hatte, zeigt die Präambel zur Verordnung vom 27. April 1744, die uns ein plastisches Bild der Zustände jener Zeit entwirft[362]). „Nachdem wir zeither der von Uns angetrettener Chur- und Fürstlicher Lands-Regierung zu unserm größesten Mißvergnügen vielfältig wahrnehmen müssen, dass ... auch die ein- und ausländischen starke Betteler, herrenlose Gängeler, frembde Studenten, Gauckeler, Spieler, Quacksalber und so genannte Krämer mit kurtzen Waaren, Wannen-Läpper, Deckel-Gieser, Pack-Juden und dergleichen verdächtiges Gesindel fort unter solchen Vorwand Dieb- und Räuber dergestalten überhand genohmen haben, daß zufolg der leidiger Proben weder die Land-Straßen, weder deren Unterthanen Häuser und Höf von deren zusammen rottirten Streifereyen, betrohlichen Erpressungen der Allmosen, ja gar gewaltsamen Einbrüchen und grausamsten Knebelungen, noch die dem Allerhöchsten Gott gewidmet — und geheiligte Oerter und Sachen länger mehr frey, noch in gesicherter

[360]) Kuhl a. a. O., Bd. 2, S. 155. Dresemann, Annalen, Heft 61, S. 83.

[361]) Siehe Graf Mirbach, ZAGV Bd. 3, S. 279. Redlich, Beitr. z. Gesch. d. Ndrrh., Bd. 13, S. 112 ff.

[362]) VO. abgedruckt bei Scotti a. a. O., Nr. 1561, allerdings ohne diese Präambel. Diese ist abgedruckt bei Katzfey, Jakob, Geschichte der Stadt Münstereifel und der nachbarlichen Ortschaften, Köln 1854, S. 60. Je nach der Schwere der Delikte werden folgende Strafen angedroht. Art. 3: Nach der Hinrichtung des Täters soll der Körper auf ein Rad geflochten werden und der Kopf auf einer Stange ausgestellt werden. Art. 4: Nach der Enthauptung ist der Körper auf einen Schlitten auszustellen. Art. 5: Vor der Hinrichtung ist die rechte Hand abzuhauen und danach der Körper auszustellen. Art. 6: Der Delinquent ist durch Radbrechen von oben nach unten mit Gnadenstreich zu Tode zu bringen. Art. 7: Vor der Räderung muß die rechte Hand 12 Minuten in einem verpichten Handschuh brennen. Art. 8: Der Delinquent ist mit glühenden Zangen zu Tode zu bringen. Art. 9: Dieser schreibt die Räderung von unten nach oben vor. Art. 11: Feuertod nach halber Erdrosselung. Art. 13: Der Täter ist lebendig zu verbrennen.

Ruhe seynd, und den wir solches höchst ärgerliches Ohnweesen länger ohngeandet nachzusehen gnädigst nicht gemeint, sondern ohnabwendig fest entschlossen seynd, Unsere hieruntige Landen von dergleichen Landsverderblichem Gesindel gäntzlich säuberen und dasselbe vollends ausrotten zu lassen, des Ends aber die bis anhero in Uebung gewesene Leibs- und Todes-Strafen in Ansehung der ohnerhörter Frequentz und neuerlicher Grausamkeiten nicht hinlänglich, sondern fast ohne Würckung zu seyn, die ohntringliche Erfahrnüß zur Genüge bezeuget . . .".

Wenn der Herzog auf Grund dieser seiner Erfahrungen in der Verordnung schwere qualifizierte Todesstrafen verordnet, so ist damit keineswegs gesagt, daß sie nun auch wenigstens von diesem Zeitpunkt an in der Praxis angewendet werden. Leider können uns die Kriminalakten keine Auskunft erteilen, da uns die Akten des Kriminalgerichts vom Jahre 1744 ab verloren gegangen sind; jedenfalls soviel steht fest, die Verordnung Karl Theodors erging zu einer Zeit, als die Aufklärung schon weite Kreise Deutschlands erfaßt hatte. Die in ihr verordneten qualifizierten Todesstrafen entsprachen nicht mehr dem Geiste der Zeit.

In vielen Orten Deutschlands gab es dem verschiedenen Charakter der einzelnen Todesstrafen entsprechend mehrere Hinrichtungsstätten. Gewöhnlich wurde die entehrende Strafe des Hängens an einem Ort außerhalb der Stadt, die Todesstrafe durch das Schwert dagegen auf einem öffentlichen Platz vollzogen. Für Jülich ist uns nur eine Hinrichtungsstätte verbürgt[363]). Die Hinrichtung „zu trockener Hand", wie man die Galgenstrafe zum Unterschied zur Hinrichtung mit dem Schwert nannte, erfolgte auf dem nahe der Stadt gelegenen Galgenberg, nahe dem Neußer Weg. Hier wurde auch die Strafe mit dem Schwert vollzogen. Richter, Schöffen und die Kartäuserpatres, die dem armen Sünder den letzten Beistand zu leisten hatten, begleiteten den Zug[364]). Der Verurteilte wurde auf einem Karren gefahren[365]). Der Zug nahm seinen Weg vom „Gefangenenthurm" an der Rur durch das Kölntor zur Merscherhöhe. Hier in der

[363]) Schoeneseiffen, Die kurkölnische Strafjustiz im 18. Jahrhundert. Diss., Bonn 1938, S. 74 (für Neuß und das Kölner Hochgericht). Ullmann, Das Strafrecht d. Städte d. Mark Meissen usw. während d. Mittelalters (Leipziger rechtswissenschaftl. Studien, Heft 34), Leipzig 1928, S. 22 (für Görlitz). Schindler a. a. O., S. 47 (für Freiburg). Entsprechend diesem Brauch nimmt Fischer, Gesch. d. Jülicher Rathauses (Sonderdruck a. d. Kreis-Jülicher Correspondenz- u. Wochenblatt), S. 14, getrennte Hinrichtungsstätten auch für Jülich an. Dieser Meinung kann ich nicht beipflichten, da auf den vorhandenen alten Abbildungen und Stichen (vorhanden im St. A. Aachen und im Rathaus der Stadt Jülich) nur eine Hinrichtungsstätte eingezeichnet ist. Durch Hauptgericht Jülich Nr. 169 (1713) ist erwiesen, daß auch die Hinrichtung durch das Schwert auf dem Galgenberg erfolgte.

[364]) Die Kartäuserpatres des Klosters Vogelsang hatten die Seelsorge für die Delinquenten und die Vorbereitung für die zum Tode Verurteilten. Die Kartäuserchronik enthält hierüber manche wertvolle Aufzeichnung.

[365]) Hauptgericht Jülich Nr. 169 (1713), wo der ganze Vorgang kurz wie folgt geschildert ist: „der delinquent wurde auf den Galgenberg auf einen karrich hingefahren, daselbsten in dem durch den bürgerhauptmann geschlagenen krayß die urtheil in faciem publicirt, so forth nach gebrochenen stock dem scharfrichter sothaner urtheil mit dem schwerdt vom leben zu todt zu vollziehen aufgegeben.

Nähe der Gerichtsstelle begegnet uns der sogenannte „Blaue Stein", an den der Delinquent dreimal mit dem Rücken angestoßen wurde[366]).

Noch heute erinnert die Sage an jene Vorgänge. Wer sein Ohr auf den Stein legt, der hört in dem nahegelegenen Orte Morsbeck den Hahn krähen. Wer der Aufforderung, sein Ohr auf den Stein zu legen, folgt, erhält einen Schlag aufs Ohr. Auch geht die Sage, daß aus dem Stein Blut hervorquelle, wenn man mit einer Nadel darin steche[367]).

An der Hinrichtungsstelle angekommen, schlug der „Burgerhauptmann" einen Kreis, in den der Richter trat, um das Urteil vor allem Volke zu publizieren. Besonderheiten, die von der Karolina und den überall in Deutschland üblichen Verfahrensvorschriften abweichen, sind uns nicht überliefert. Der Inquisitionsreceß befaßt sich in Art. 14 mit der Execution der Urteile nur insoweit, als er bestimmt, daß die Execution „auf Maß und Weiß" wie im Lande üblich zu geschehen habe. Da sich das Verfahren im allgemeinen stark an die Vorschriften der Karolina anlehnte, ist es gerechtfertigt, auch für den Strafvollzug keine Ausnahme anzunehmen. Dies ist um so eher anzunehmen, als ein Urteil des Jahres 1713 in kurzen Sätzen das fast überall in Deutschland übliche Hinrichtungszeremoniell bestätigt[368]).

Nach der Publikation zerbrach der Richter ein weißes Stäbchen, zum Zeichen, daß der Delinquent das Leben verwirkt habe, und übergab ihn dem Nachrichter. Dann gebot er für dessen Handlung den Frieden[369]). Das Friedgebot war wichtig, denn nicht selten kam es vor, daß dem Scharfrichter die Vollstreckung mißlang. Sehr leicht konnte sich die darob sehr erzürnte Menge an ihm vergreifen. Das Hängen erfolgte mittels eines Strickes, was oft schon im Urteil ausdrücklich bestimmt wird[370]). Die Hände sind dem Delinquenten auf den Rücken gebunden. Zur Warnung der Allgemeinheit und zur Abschreckung der Wanderer blieb der Gehängte solange hängen, bis er von selbst abfiel oder verwest war.

Die Hinrichtung mit dem Schwert erfolgte an gleicher Stelle. Eine Enthauptung mit dem Beil ist für Jülich nicht nachweisbar.

---

366) Der „Blaue Stein" liegt heute an der Wegkreuzung des Stolperwegs und des Welldorferwegs, der Verlängerung des ehemaligen Kaisersgäßchen (heute Jan-v.-Werth-Straße genannt). Er ist ein flacher Blaustein von etwa 1½ m Länge, ½ m Breite und ¼ m Dicke. Die Flur heißt heute noch „Am Blauen Stein".

367) Diese Sage entnehme ich einem Aufsatz von A. Fischer, dem Jülicher Heimatforscher. „Der blaue Stein auf der Merscher Höhe" im Jülicher Kreisblatt des Jahres 1912. v. Hentig, Der blaue Stein zu Bonn (Schweizerische Zeitschr. f. Strafrecht, 50. Jahrg., S. 412) sieht in dem blauen Stein einen ursprünglichen Grenz- und Gerichtsstein. Es sei ein alter Abgrenzungszauber, eine Art Stadtverweisung, die den Verurteilten in seiner körperlichen und unkörperlichen Existenzform traf, ehe es ihm an das kleine irdische Leben ging. v. Mering, Beiträge z. Gesch. d. ehemal. churköln. u. alt-stadtköln. Verfassung, Köln 1830, S. 20 ff. deutet den Stoß als Zeichen für die ausschließlich dem Kurfürsten zustehende Befugnis, über Leben und Tod in Köln zu richten. Fischer bezeichnet an genannter Stelle den Stein als einen der alten Gerichtssteine, „die als heilig galten und bei denen man Eide schwor".

368) Hauptgericht Jülich Nr. 169 (1713).

369) Karolina Art. 97/96.

370) Hauptgericht Jülich Nr. 90 (1616) und viele andere mehr.

Der Scharfrichter führte mit einem doppelhändigen Schwert den Todesstreich. Dem Brauche gemäß trug auch das Schwert des Scharfrichters von Jülich einen Spruch. Das Schwert des letzten Scharfrichters in Jülich ist noch erhalten und trägt die Inschrift:

Eine Mutter alles Recht und Billigkeit
Bin ich drum werdt genandt die Gerechtigkeit.
Wenn dem armen Sünder wird abgesprochen das Leben
So wirdt er mir unter meine Handt gegeben[371]).

Der Scharfrichter hatte den Hieb mit beiden Händen so zu führen, daß das Schwert zwischen zwei Halswirbeln hindurchging und das Haupt vom Rumpfe trennte[372]).

Hatte er vorschriftsmäßig gerichtet, so stellte er an den Richter die Frage, ob er recht gerichtet habe, worauf dieser antwortete: „So Du gericht hast, wie Urtheil vnd Recht geben hat, so laß ich es dabey bleiben“[373]). Körper und Kopf des Gerichteten wurden, sofern das Urteil nicht anders erkannt hatte, an der Gerichtsstelle begraben[374]).

Der Pranger.

Zum Vollzug der von den Jülicher Schöffen verhängten Ehrenstrafe diente der Schandpfahl, der auf dem Marktplatz vor dem Rathaus stand. Er wird in den Urteilen meist Pranger genannt, was unter dem Einfluß der Ausdrucksweise der Karolina geschah, oder auch, wie sonst am Niederrhein üblich, mit „Kax“ oder „kecks“ bezeichnet[375]). Der Marktplatz war der geeignete Ort für den Pranger, wo der Zweck der Strafe, vor der Begehung prangerwürdiger Verbrechen abzuschrecken, am vollkommensten erreicht wurde[376]). Um 1700 tritt eine Wandlung in der Auffassung über den Strafzweck ein. Die Prangerstrafe wird nicht mehr allein in Jülich vollstreckt, sondern möglichst am Tatort oder am Ort der Ertappung, um so die Unschädlichmachung des Täters zu erreichen und alle Einwohner eindringlichst vor ihm zu warnen[377]).

Der Verurteilte wurde in ein mit Stacheln versehenes Halsband, das seine Bewegungsfreiheit hemmen sollte, gestellt, und so dem Gespött der Marktbesucher preisgegeben[378]). Meistens erfolgte die Kundbarmachung der Tat durch den Scharfrichter, der dem Verurteilten dazu noch eine Tafel umhängte, auf der die Tat bezeichnet

[371]) Das Schwert befindet sich im Heimatmuseum Jülich. Es wird beschrieben bei Pick, Das Richtschwert des letzten Scharfrichters von Jülich (Annalen d. hist. Ver. f. d. Niederrhein, Bd. 21. S. 311).
[372]) Keller, Der Scharfrichter i. d. deutschen Kulturgeschichte. Bonn und Leipzig 1921, S. 157.
[373]) Karolina Art. 98.
[374]) Hauptgericht Jülich Nr. 90 (1618), Nr. 172 (1714), Nr. 187 (1729), Nr. 193 (1730).
[375]) Bader-Weiß a. a. O., S. 12. In einer Stadtrechnung des Jahres 1582 heißt es „Kaks“ (siehe Kuhl a. a. O., Bd. 1, S. 192). Eine VO. vom 12. 2. 1715 nennt ihn „Kächs“ (Kuhl a. a. O., Bd. 3, S. 257).
[376]) v. Below: Das ältere deutsche Städtewesen, S. 66 ff.
[377]) Hauptgericht Jülich Nr. 142 (1697), Nr. 147 (1699). Bader-Weiß a. a. O., S. 72.
[378]) Das stachelige Halsband befindet sich im Heimatmuseum Jülich.

war[379]). Auch wenn es nicht ausdrücklich im Urteil erwähnt wird, ist die Auspeitschung und das Brandmarken sowie die Landesverweisung stets mit dem Pranger verbunden[380]). Diese Verbindung war notwendig, wenn der beabsichtigte Strafzweck erreicht werden sollte. Die Landesverweisung mußte allen bekanntgemacht werden, um dem Verbrecher die Rückkehr in das Land zu erschweren und ganz unmöglich zu machen[381]).

Die Dauer der Prangerstrafe war nicht einheitlich geregelt und für die verschiedenen Delikte länger oder kürzer. Sehr oft begnügen sich die Urteile mit dem Spruch, daß der Verurteilte „an den Pranger zu stellen sei"[382]), doch kam es auch vor, daß die Zeit genau bestimmt wurde. So mußte eine Sittlichkeitsverbrecherin im Jahre 1583 von 8 bis 12 Uhr am Pranger stehen und den Spott der Bevölkerung über sich ergehen lassen[383]). Noch 1709 mußten zwei Diebe „einen halb tagh" lang am Pranger stehen, was etwa der gleichen Zeit entspricht[384]). In den anderen Fällen mußte der Delinquent die übliche Zeit am Pranger stehen. Als „übliche" Zeit muß man die Marktzeit ansehen, also etwa 1 bis 2 Stunden[385]). Eine Ausstellung darüber hinaus widersprach dem Zweck der Strafe.

Über den Vollzug der 1615 ausgesprochenen Ehrenstrafe des Stein- und Kerzetragens ist uns Genaueres nicht bekannt. Das Jülicher Landrecht von 1537 kennt diese Ehrenstrafe des Kerzetragens für die Beleidigung des Gerichts, Vogts, Schultheißen oder der Schöffen[386]). Der Beleidiger hatte zwei „byrnende kertzen van waß gemacht ider eyne van eyme punde" vom Gericht zur Kirche zu tragen und „dat bloißheufftz und barvoyß". Möglich ist, daß diese Sitte auch im obigen Fall angewandt wurde, wie es ähnlich 1684 noch in Aachen geschah, wo Elß Jansen wegen Ehebruchs „mit anhabendem weißen oder Todtkleidt und ein gelb brennendes Wachßlicht in der Handt haltendt durch Herrn Maioris Diener aus dem Gefängnus durch Klappergaß über den großen Markt und der Krämerstraß hinab nach St. Foilan Kirch geführet werde, woselbsten sie die an der Communikantenbanck stehende an einander gekettete Ehebrechers Steinen selbsten umb ihren Haltz hencken und damit vorm hohen

---

[379]) Diese Sitte ist zwar nicht ausdrücklich für Jülich bezeugt, aber nur so konnte, wie überall in Deutschland, der Strafzweck erreicht werden. Für Köln: Schoeneseiffen a. a. O., S. 79. Für Freiburg: Schindler a. a. O., S. 126. Im übrigen siehe His, Strafrecht des deutschen Mittelalters, S. 574. Bader-Weiß a. a. O., S. 141.

[380]) Hauptgericht Jülich Nr. 41 (1583), Nr. 105 (1660), Nr. 110 (1662), Nr. 111 (1662), Nr. 206 (1744). Nach Bader-Weiß a. a. O., S. 85 hat die Verbindung dieser Strafen zu Ende des Mittelalters die Prangerstrafe mitunter geradezu zu einer Leibesstrafe werden lassen.

[381]) Für Aachen siehe Oppenhoff, ZAGV, Bd. 6, S. 25. Bader-Weiß a. a. O., S. 86.

[382]) Hauptgericht Jülich Nr. 105 (1660), Nr. 110 (1662).

[383]) Hauptgericht Jülich Nr. 41 (1583: „. . . des morgens von acht biß zu zwölff uhren an den pranger gestellt . . .").

[384]) Hauptgericht Jülich Nr. 159 (1709).

[385]) Bader-Weiß a. a. O., S. 138/39. Über die Form des Prangers ist ebenfalls nichts bekannt. Nach Loersch, Der Kaks- oder Katschhof in Aachen, Monatsschrift f. d. Gesch. Westdeutschlands, 5. Jahrg., S. 574 bestand er im benachbarten Aachen aus einem Holzgerüst.

[386]) Jülicher LR. Art. 17, III.

Altar kniehend sitzen, sodan unter der alda beschehener Meß Gott umb Verzeyhung pitten solle"[387]). Dagegen wurde in dem von Krueckemeyer mitgeteilten Fall in Linnich ein Ehebrecher mit umgehängten Steinen und brennender Kerze an den Pranger gestellt[388]).

Weitere Instrumente, die dem Vollzug von Ehrenstrafen dienten, waren die ebenfalls auf dem Jülicher Markt stehenden Drillhäuschen, Wippe und Esel, Strafwerkzeuge, die Abarten des Prangers sind und, im Gegensatz zu diesem der Hochgerichtsbarkeit dienenden Strafwerkzeug, der niederen und Militärgerichtsbarkeit zur Verfügung standen[389]). Das Drillhäuschen kommt erst im Jahre 1731 in Jülich auf, als der Herzog einer Bitte des Jülicher Magistrats um Errichtung eines „Trillhäußgen" zur Abstrafung von „Felddelinquenten" nachkommt[390]). Wir erfahren aus den Worten dieses Schriftstücks, vornehmlich daraus, daß der Magistrat auf ein in Düren errichtetes Drillhäuschen hinweist, daß es das erste dieser Art in Jülich ist und bisher unbekannt war. In das Drillhäuschen, einen auf einem Unterbau stehenden um einen Zapfen drehbaren Käfig, wurden nicht nur die Felddelinquenten, sondern alle, die leichtere Polizeivergehen begangen hatten, gestellt.

Ähnlichen Zwecken diente die „Hohnbank", die neben dem Pranger angebracht war und auf die der Verurteilte festgeschnallt werden konnte[391]). Ein Gegenstück zu der Hohnbank ist das Überlinger „Geigenbänkle", das dem Rate der Stadt zur Bestrafung von Felddelinquenten diente[392]).

Wippe und Esel sind Strafinstrumente, die in Jülich erst zur Zeit der spanischen Herrschaft in der ersten Hälfte des 17. Jahrhunderts aufkamen[393]). Wie auch in anderen Gegenden Deutschlands[394]) diente

[387]) Oppenhoff, ZAGV, Bd. 6, S. 44. Urteil des Sendgerichts vom 30. Juni 1684. Loersch, Achener Rechtsdenkmäler, Bonn 1871, S. 47 (§ 11 des Weistums des Erzpriesters und der Sendscheffen über Ordnung, Competenz und Verfahren des Aachener Sendgerichts). Die Strafe des Stein- und Kerzetragens stand dem Sendgericht auch nach dem Julich-Aachischen Vertrag vom Jahr 1660 zu (Abdruck einiger . . . Urkunden . . . die Stadt Aachen betreffend, Frankfurt u. Leipzig 1769, S. 55, Art. 23).

[388]) Krueckemeyer a. a. O., S. 30.

[389]) Fischer a. a. O., S. 15.

[390]) Magistrat an den Herzog am 6. April 1731 (siehe Kuhl a. a. O., Bd. 3, S. 269). Dauer der Strafe eine Stunde. Die Strafe wurde verhängt, wenn der Frevler „in bonis nichts gesessen undt keine mulctam zu bezahlen im standt". (Stadtprotokoll vom 22. Oktober 1742).

[391]) Anderorts Strafe für Hurerei. In den österr. Weistüm. XI 156 heißt es: „wer ainer den andern redt auf sein ehr . . . und kann es nit beweisen zu im, der soll steen auf ein pank vor ganzer gemain und soll das widerriefen drei stund". (Entnommen dem Deutschen Rechtswörterbuch Bd. 1, Sp. 1186).

[392]) Bader-Weiß a. a. O., S. 92. Im Kanton Zug entsprach diesem Instrument die sogenannte Fischbank.

[393]) Kuhl a. a. O., Bd. 1, S. 101: Die Stadt mußte den spanischen Esel herstellen, der, wie es in der Stadtrechnung heißt, „item auss geheischs hr. Obersten einen Essel vor die Soldaten fertigen laessen 1 Gulden 12 Albus" kostete. Siehe auch Kuhl, Bd. 1, S. 221: „den esel reiten, eine beschimpfende Strafe, schon früh in den Schulen und noch spät für Soldaten hergebracht".

[394]) Schoeneseiffen a. a. O., S. 78. Die Einrichtung war in Jülich etwas anders als in Köln. Der Verurteilte wurde nicht von der Wippe heruntergestoßen, sondern man schnellte ihn, nachdem man ihm die Hände auf den Rücken gebunden hatte, an einem Galgen in die Höhe und ließ ihn dann wieder herunterfallen. Siehe Kuhl a. a. O., Bd. 1, S. 101. Auch Meißen, nach Ullmann a. a. O., S. 49, aber auch hier wurde der Verurteilte in einen Korb gesetzt und in eine Pfütze geschnellt.

die Wippe zur Bestrafung von Marktvergehen, Vergehen also, mit denen sich das Kriminalgericht nicht befaßte, sondern die in Jülich durch den Magistrat zur Aburteilung gelangten. Der Vollzug der Strafe mit der Wippe war keineswegs harmlos. Der Delinquent konnte dabei erheblichen körperlichen Schaden nehmen[395]).

Der spanische Esel war der Militärgerichtsbarkeit vorbehalten und diente der Aufrechterhaltung der militärischen Disziplin[396]).

Alle diese Strafinstrumente mußten 1794 den Ideen der französischen Revolution weichen, als der Stadtkommandant Barrere den Befehl erließ, die Kammern „im Hessenturm allsofort zu reinigen"[397]).

Die Auspeitschung und das Brandmarken. Die Landesverweisung.

Die vom Kriminalgericht verhängten Strafen an Haut und Haar waren die Auspeitschung und das Brandmarken. Andere dergleichen Strafen, wie das Abschneiden der Haare, was an anderen Orten eine beliebte Strafe für Unzucht und Ehebruch war[398]), finden wir in den Kriminalakten nicht verzeichnet.

Während die Gesetze und Verordnungen die Ausstreichung in den meisten Fällen mit „fustigation" bezeichnen, finden wir in den Kriminalakten die Bezeichnungen „mit ruthen außzuprügeln" oder „mit ruthen empfindlich auszustreichen"[399]). Diese körperliche Züchtigung wurde durch den Scharfrichter am Pranger ausgeführt. Sie wirkte stets entehrend, wie alle Strafen, bei denen der Delinquent dem Scharfrichter ausgeliefert war[400]). Als entehrende Strafe zog sie stets die Landesverweisung nach sich[401]). Der Ausgepeitschte wurde in des Herzogs Landen nicht mehr geduldet.

Eine andere Art der körperlichen Züchtigung, die nicht in der Öffentlichkeit vorgenommen wurde, war die Streichung des Delinquenten mit „haseler gerden". Sie wurde in der Folterkammer zur Erpressung eines Geständnisses vorgenommen. Auch diese Züchtigungsart war entehrend, da sie ein Teil der Folterung war. Andererseits war sie keine Strafe. So heißt es in einer Kriminalakte des Jahres 1744, daß der Delinquent auf der „reckbanck" 35 Streiche „mit haseller gerden vor und nach auf den bloßen rücken" erhalten habe. Bei der später vorgenommenen Verschärfung wurde ihm der

[395]) Bader-Weiß a. a. O., S. 88.

[396]) Bader-Weiß a. a. O., S. 173. v. Hentig, Die Strafe, Ursprung, Zweck, Psychologie, Stuttgart u. Berlin 1932, S. 277.

[397]) Kuhl a. a. O., Bd. 1, S. 14.

[398]) Schindler a. a. O., S. 71 für Freiburg.

[399]) Hauptgericht Jülich Nr. 41 (1583), Nr. 110 (1662), Nr. 147 (1699), Nr. 172 (1714), Nr. 189 (1729), Nr. 190, Bl. 33 ff. (1730): „fustigirt".

[400]) Die Ausstreichung hatte nach Art. 198 der Karolina am Pranger zu erfolgen. Über den entehrenden Charakter siehe Keller a. a. O., S. 155 ff. Ullmann a. a. O., S. 28.

[401]) Art. 198 der Karolina bestimmt ausdrücklich: „. . . . offentlich an Pranger gestellt, vnd fürther mit Ruthen außgehauwen, auch des Lands biß auff künftliche erlaubung der Oberkeit verweißt werden soll." Hauptgericht Jülich Nr. 41 (1583) spricht bezüglich einer Frau nach der Auspeitschung keine Ausweisung aus. (Einzige Ausnahme.)

Rücken zur Erhöhung der Wirkung vorher mit „vollgewarmten wasser gewaschen und abgerieben"[402]).

Die Auspeitschung oder „aushawung"[403]) wurde auf dem bloßen Rücken vorgenommen. Die Zahl der Streiche war nicht einheitlich geregelt und wurde auch im Urteil nicht angegeben[404]).

Die Brandmarkung geschah ebenfalls durch den Scharfrichter am Pranger vor allem Volke. Er brannte dem Verurteilten mit glühendem Eisen das Brandmal auf den Rücken[405]), worauf er mit Ruten aus der Stadt hinausgehauen wurde. Damit der Verurteilte das frisch eingebrannte Mal nicht aussaugen lassen konnte oder auf sonstige Weise zum Verschwinden bringen konnte, mußte der Scharfrichter ein Pulver einreiben[406]).

Anschließend an diese Prozedur wurde der Delinquent des Landes verwiesen. Diese mußte im Urteil ausgesprochen werden. „Der verurteilte seie so forth auß hießigen und übrigen ihr. churf. churfürstenthum und landen mit dem anhang zu verweisen, daß bey widerumb betrettungsfall mit dem todt gestrafft werden solle"[407]). Vor der Ausweisung, der Relegation, wie sie auch in verschiedenen Sententiae bezeichnet wird[408]), hatte der Verurteilte einen Eid zu schwören, sich wegen seiner Bestrafung und der erlittenen Haft nicht anders als mit den Rechten an den Richtern zu rächen und die kurfürstlichen Lande bei der Strafe des Meineids nicht wieder zu betreten[409]). Der feierliche Schwur der Urfehde — „de non vindicando" — und der Schwur „de non redeundo" wurde auf das Evangelium und vor dem Kreuz ausgeschworen. Für Juden gab es einen anderen Eid. Die Ausschwörung der Urfehde durch einen Juden schildert die Prozeßakte des Jahres 1710 wie folgt: „der jude Bernhard Levi aber mit darsteckung seiner rechten hand bis ahn den knorren aus den in Hebraisch beschriebenen decalogum, so derselb daß es ihr jüdisches gesetz seye ebenfalls stipulato behalten, abgenommen"[410]).

Der Bruch der Urfehde.

Der Sicherungsgedanke findet seinen besonderen Ausdruck in der Landesverweisung des Delinquenten auf „ewigh". War der Verbrecher des Landes verwiesen, so konnte er kein Unheil mehr anrichten. Eine Vermögenskonfiskation war mit der Verweisung nicht notwendigerweise verbunden. Der Verurteilte konnte seine Habe,

[402]) Hauptgericht Jülich Nr. 205 (1744).
[403]) Das Wort „aushauwen" kommt in Hauptgericht Jülich Nr. 206 (1744) vor.
[404]) Es findet sich in keiner VO., Gesetz oder Urteil eine Angabe über die Zahl der Streiche.
[405]) Hauptgericht Jülich Nr. 147 (1699). Anderorts war es üblich, das Mal auf Stirn oder Backe einzubrennen (Ullmann a. a. O., S. 28). Hauptgericht Jülich Nr. 191 (1730).
[406]) Schindler a. a. O., S. 71 für Freiburg.
[407]) Hauptgericht Jülich Nr. 88 (1615), Nr. 110 (1662), Nr. 111 (1662).
[408]) Hauptgericht Jülich Nr. 176 (1710), Nr. 190 (1730). Vgl. Jülich-Bergische Polizeiordnung, S. 4: „an andere Orth relegirt und verwiesen."
[409]) Hauptgericht Jülich Nr. 176 (1710).
[410]) Hauptgericht Jülich Nr. 163 (1710).

sofern er die Möglichkeit dazu hatte, entweder mitnehmen oder verkaufen. Alle Untertanen des Herzogs, die sich in ausländische Kriegsdienste begaben, wurden zu „den ewigen Tagen verbannt" und sollten „ihre Güter verwürckt haben"[411]. Frau und Kinder waren von der Verweisung ihres Mannes und Vaters nicht betroffen, es sei, daß es ausdrücklich vorgeschrieben war. So bestimmt eine Verordnung, daß die Amtleute bei solchen, „die muthwillig außtretten und anderen Feindt werden, die bedreuwen und beschedigen, ... nicht allein derselben Güter confiscirten, sondern anstundt ihre Weib und Kinder nachgejagen und in ewige Zeiten außbannen sollen"[412].

Die Ausweisung konnte nur dann ihre beabsichtigte Wirkung haben, wenn die Allgemeinheit vor der Rückkehr des Ausgebannten sicher war. Zu diesem Zwecke ließ man ihn den Eid „de non redeundo" schwören. Hatte der Ausgebannte diesen Eid geschworen, so wurde seine Wiederkehr schwer bestraft. Hatte der Täter eine Straftat begangen, die mit dem Tode zu bestrafen war und war er aus Gnade des Landes verwiesen worden, so wurde er „mit dem anhang verwiesen, daß bey widerumb betrettungsfall mit dem todt gestrafft werden solle"[413]. In anderen Fällen traf ihn die Strafe des Meineides, oder wenn er eine neue Straftat begangen hatte, die mit einer schwereren Strafe bedroht war, diese. Zinsen Jansen, der als ein „vagabond" ausgewiesen worden war, wird bei seiner Rückkehr ins Herzogtum ergriffen und nach Jülich gebracht und wegen Bruchs der Urfehde angeklagt. Da er behauptet, nur den Eid „de non vindicando", sich nicht wegen der erlittenen Kerkerhaft zu rächen, nicht aber „de non redeundo" geschworen zu haben, und ihm das Gegenteil nicht bewiesen werden kann, wird er erneut des Landes verwiesen mit der Verwarnung, daß er bei Wiederkehr „mit außgeißelung und nach geheiß der rechten als ein meineidiger oder sonst gestalt sach nach bestraft werden solle"[414]. Die Schöffen folgen in diesem Falle der Einlassung des Beklagten um so eher, da sie aus den Prozeßakten des ersten Prozesses gesehen haben, daß der Beklagte „ex sententia propter delictum" eigentlich nicht relegiert, sondern „nach anlaß general edicti alß ein verdächtiger vagabond auß hiesigen landen weggeschafft worden sei".

Die Freiheitsstrafen.

Die in der Praxis des Kriminalgerichts bei Beginn des 18. Jahrhunderts beliebteste Freiheitsstrafe war die öffentliche Festungsbaustrafe. Aktenkundig wird sie zum ersten Mal 1661[415]. Johann Wil-

[411] Jülich-Bergische Polizeiordnung a. a. O., S. 9.
[412] Jülich-Bergische Polizeiordnung a. a. O., S. 7/8.
[413] Hauptgericht Jülich Nr. 111 (1736).
[414] Hauptgericht Jülich Nr. 176 (1710).
[415] Hauptgericht Jülich Nr. 108 (1661). Ab 1700 wurde sie zur üblichen Strafe: Nr. 158 (1709), Nr. 159 (1709), Nr. 167 (1713), Nr. 179 (1720), Nr. 194 (1731), Nr. 206 (1744).

helm, der größten Wert auf den militärischen Ausbau seiner Länder legte, wandte sein Augenmerk hauptsächlich auf die Festungen Düsseldorf und Jülich[416]). Trotz der Einwände des Kurfürsten von Köln baute er auf dem linken Rheinufer bei Oberkassel auf kurkölnischem Gebiet das kleine Fort Düsselburg, welches 1700 durch eine Brücke mit der Landeshauptstadt Düsseldorf verbunden wurde. Die für die damalige Zeit sehr hohen Summen von 15 000 fl. für den Ausbau der Festung Düsseldorf und 6000 fl. für Jülich, ausgeworfen im Jahre 1689, lassen die gewaltigen Anstrengungen des Herzogs in dieser Richtung erkennen. Im Jahre 1700 wurde diese Summe auf insgesamt 30 000 Reichstaler erhöht. Sein Nachfolger Karl Philipp baute ebenfalls an den begonnenen Projekten weiter. Sie wurden trotz der hohen Summen nur möglich, wenn möglichst viele und billige Arbeitskräfte angesetzt wurden. Man fand sie in den Verbrechern, die hier ihre Strafe in einer der Gemeinschaft dienenden Arbeit abbüßen konnten. Die zur Schanzarbeit Verurteilten wurden von anderen Arbeitern ferngehalten, da man es diesen nicht zumuten konnte, mit Strafarbeitern zusammenzuarbeiten. Wie andernorts werden sie auch zur Unterscheidung und zur besseren Beaufsichtigung eine von diesen verschiedene Kleidung getragen haben[417]). „Die Züchtlinge, die ad opera publica verurteilt waren, umschloß an Hals und Füßen je ein Eisenring, auf dem Halseisen stand ein Reifen, den Kopf umrahmend, mit Glöckchen besetzt, an den Füßen schleppten sie Kette und Kugel", so schildert Schindler die Aufmachung der Freiburger Schanzarbeiter[418]). Ähnlich wird es auch in Jülich gewesen sein. Nicht jeden Verbrecher konnte man willkürlich mit der Festungsbaustrafe belegen. Namentlich solche, die bereits eine entehrende Strafe erhalten hatten, wurden nicht auf die Festung gebracht, da „andere mit denselben zu arbeiten schew tragen werden"[419]).

Nach der Publikation des Urteils wurde der Verurteilte dem Gouverneur der Festung übergeben[420]). Ob alle vom Kriminalgericht Jülich Verurteilten an der Festung Jülich angesetzt wurden, erscheint zweifelhaft. Nur einige Urteile sprechen die Verurteilung „ahn den wercken zu Jülich" zu arbeiten ausdrücklich aus[421]). Jedenfalls spricht der schlechte Zustand der Festung zur Zeit des Sieben-

---

[416]) Zu den folgenden Ausführungen siehe Bezzel, Gesch. d. kurpfälzischen Heeres . . . bis . . . 1777, Bd. IV, 1, München 1925, S. 282.

[417]) Schindler a. a. O., S. 91.

[418]) Schindler a. a. O., S. 91. Knapp, Das alte Nürnberger Kriminalrecht, Berlin 1896, S. 70.

[419]) Hauptgericht Jülich Nr. 199 (1736). In diesem Falle war der Delinquent bereits einmal fustigirt worden.

[420]) Der Gubernator oder auch Gouverneur bekleidete den wichtigsten Posten in der Festung. Seine Stellung entspricht ungefähr der des heutigen Festungskommandanten (Bezzel a. a. O., S. 284). In Hauptgericht Jülich Nr. 194 (1731) heißt es: „Dem beklagten ist der gdst. befehl vorgelesen worden und der Cox ist dem gouverneur überliefert worden." Ebenso Nr. 206 (1744). Die Akten über den Beklagten wurden dem Gouverneur mit übersandt.

[421]) Hauptgericht Jülich Nr. 108 (1661), Nr. 173 (1714), Nr. 206 (1744).

jährigen Krieges gegen einen eifrigen Ausbau der Festung. Der dringende Bedarf von Schanzarbeitern bei der wichtigeren Festung Düsseldorf läßt vermuten, daß viele Verbrecher hier zum Einsatz gelangten[422]).

Gleichzeitig mit der Festungsbaustrafe kamen andere Freiheitsstrafen, die Gefängnis- und Zuchthausstrafe, in Übung. Als Gefängnis diente in Jülich das alte Stadttor an der Rur, das bald seiner Bestimmung gemäß den Namen „Gefangenenthürn" erhielt[423]). Bis zum Beginn des 18. Jahrhunderts diente es nur zur Aufnahme von Untersuchungsgefangenen, die ja nach den Bestimmungen des Inquisitionsrecesses alle nach Jülich abgeliefert werden mußten[424]). Dessen ungeachtet hatten aber auch die anderen jülichschen Ortschaften ihre eigenen Gefängnisse, um die Gefangenen einstweilen bis zu ihrer Verschickung aufzubewahren. Eine besondere Stellung nimmt auch hier die Stadt Düren ein, die ihre Gefängnisse ebenfalls auf den Stadttoren eingerichtet hatte[425]) Die Gefangenen waren in denkbar schlechtem Zustand untergebracht. Die Gefängnisse glichen mehr dunklen Löchern ohne Licht und Sonne. Dazu wurden die Gefangenen bei vermuteten schweren Verbrechen meist gefesselt[426]). Strenge Kälte setzte der Gesundheit der Gefangenen arg zu. In einem strengen Winter befiehlt der Herzog, ein Feuer im Gefangenenturm anzuzünden, und später unter dem Einfluß des Naturrechts wirkt die Kerkerhaft bei strenger Kälte strafmildernd[427]). Die Aufsicht über die Gefangenen führte der Stadtgerichtsbote, der auch für den Unterhalt derselben Sorge zu tragen hatte. Im allgemeinen hatten die Gefangenen die Atzungskosten selbst zu tragen, jedoch konnte das Urteil ausdrücklich das Gegenteil, namentlich bei Freispruch, aussprechen[428]). Sprach das Urteil den Beklagten frei und legte es ihm nicht aus besonderen Gründen die Kostenlast auf, so mußte die herzogliche Kasse diese Kosten tragen. Es ist verständlich, daß der Beklagte sehr oft trotz Freispruchs noch in die Kosten verurteilt wurde, so vor allem, wenn er durch sein verdächtiges Verhalten den Prozeß veranlaßt hatte. In seinen Befehlsschreiben drängte denn auch der Herzog auf die Verurteilung in die Kosten,

---

422) Schon eine VO. vom 4. 12. 1678 ergeht zur Aufbietung von Schanzarbeitern zum Festungsbau nach Düsseldorf (Scotti a. a. O., Nr. 643).

423) Gefangenenthürn oder Gefängnußthurn, nach 1784 Hessenturm oder mehr noch Hexenturm, wahrscheinlich, weil in dem Turm Hexen in Untersuchungshaft gesessen haben. Siehe Kuhl a. a. O., Bd. 3, S. 255.

424) Inquisitionsreceß Art. 8.

425) Schoop a. a. O., S. 20*; S. 154 § 21; S. 421.

426) Hauptgericht Jülich Nr. 105 (1660: „eiserne fäßelen"). Für Düren: Schoop a. a. O., S. 421.

427) Hauptgericht Jülich Nr. 202 (1740); Nr. 158 (1709: Hier wird die Strafe gemildert, weil „der inquisitus im Kerker bereits ahn seinen gliederen merklich erkrankt"). Im Monat Januar 1709 herrschte eine grausame Kälte, die vielen Menschen und Tieren das Leben kostete (Kuhl a. a. O., Bd. 2, S. 154 und Bd. 4, S. 49).

428) Hauptgericht Jülich Nr. 131 (1688), Nr. 132 (1689). Die Kostenlast wurde in folgenden Urteilen ausgesprochen: Nr. 76 (1604), Nr. 82 (1608), Nr. 96 (1628).

um seine Kasse zu entlasten[429]). Die Kosten der Unterhaltung der Gefangenen und die Executionskosten mußte in den Fällen, in denen die Gefangenen vermögenslos waren, das gesamte Herzogtum zahlen. Sie wurden am Jahresende mit den Steuern umgelegt. Hiergegen beschwerten sich die Landstände, weil die Kosten und damit die Steuerlasten immer unerträglicher wurden; der Herzog erließ daher im Jahre 1714 eine Verordnung, daß die Unterhaltskosten aus dem Brüchtenfonds gezahlt werden sollten[430]). 1739 erfolgten neue Sparmaßnahmen insofern, als zur Kostenersparnis nicht mehr jeder Verbrecher oder Vagabund nach Jülich ins Gefängnis gebracht werden sollte, sondern möglichst in einem Gefängnis des Amtsbezirks, in dem er aufgegriffen wurde, untergebracht werden sollte[431]).

Die Errichtung eines Zuchthauses wird für die Herzogtümer Jülich und Berg erst verhältnismäßig spät bekannt. Dies mag daran gelegen haben, daß sich durch die häufige Verurteilung zur Festungsbaustrafe keine unmittelbare Notwendigkeit zur Erbauung eines Zuchthauses ergab und die Gefangenen sowie die Bettler und Müßiggänger schon so einer ersprießlichen Tätigkeit zugeführt werden konnten. Das Zuchthaus diente, wie fast überall in Deutschland[432]), so auch in Jülich weniger der Aufnahme von notorischen Verbrechern, als von arbeitsscheuen und mutwilligen Bettlern und Landstreichern und solchen Züchtlingen, bei denen eine Neigung zu verbrecherischen Handlungen befürchtet wurde. 1746 stellt die Landtagsproposition ein „Schema über die Gülich undt Bergische Erfordernussen" auf. Punkt 10 stellt fest, daß „wegen eines ... zu errichtenden zuchthauß, wie dergleichen in denen benachbarten [lanten] mit bester würckung geschehen, undt in Düsseldorff als ein höchstnötiges werck mit größtem Vortheil geschehen kan", wenigstens 12 000 Reichstaler nötig seien[433]). Ein Zuchthaus wurde trotzdem nicht erbaut, bis 1771 das bis dahin an den Kurfürsten von Köln verpfändete Amt Kaiserswerth wieder eingelöst wurde und das dort vom Kurfürsten Clemens August errichtete „Stock- oder Zuchthauß" den Bedürfnissen der vereinigten Herzogtümer dienstbar gemacht wurde[434]). Nach der Verordnung vom 18. September 1771 sollte es der Aufnahme von Vagabunden und fremden Bettlern, die in der mit dem Zuchthaus verbundenen Arbeitsanstalt beschäftigt werden

---

[429]) Hauptgericht Jülich Nr. 72 (1603): Das Gericht unterläßt trotz herzoglichen Befehls die Verurteilung in die Kostenlast „wegen ausgestandener langwiriger beschwerlicher gefengknis wie auch erlittener leibsbeschedigung".

[430]) VO. vom 30. Juli 1714 (Scotti a. a. O., Nr. 1129). Schon 1604 war dies einmal erfolgt: Hauptgericht Jülich Nr. 76 (1604). Die Unkosten sollten armutshalber aus den Brüchten genommen werden.

[431]) VO. vom 25. Februar 1739 (Scotti a. a. O., Nr. 1436).

[432]) Ebeling, Beiträge z. Gesch. d. Freiheitsstrafe (Strafrechtl. Abhandlungen, Heft 355), Breslau-Neukirch 1935, S. 47 und S. 50.

[433]) Kuhl a. a. O., Bd. 3, S. 9.

[434]) VO. vom 18. September 1771 (Scotti a. a. O., Nr. 2070).

sollten, dienen[435]). Diesem Zuchthaus war noch eine Erziehungsanstalt für ungeratene „Glieder von Familien" angegliedert, die ausdrücklich als „nicht infamirender Correktions-Aufbewahrungsort" bezeichnet wurde[436]).

Zur Erziehung von müßig herumlaufenden Kindern und Frauen wurde in Düsseldorf für beide Herzogtümer ein Spinnhaus im Jahre 1755 errichtet, dessen Kosten ebenfalls nach der jülich- und bergischen Matrikel ausgeschrieben und mit der Steuer eingezogen wurden[437]). Ein gleiches Haus wurde auf Veranlassung des Herzogs Karl Theodor auch in Düren errichtet, da das Düsseldorfer Spinnhaus überfüllt war. Zunächst wurde der herzogliche Vorschlag von den befragten Zünften abgelehnt mit der Begründung, man könne nicht für fünfzig Personen genug Flachs aufbringen. Im Jahre 1791 wurde dann doch ein Spinnhaus errichtet, da die Dürener Tuchindustrie einen beträchtlichen Aufschwung erlebte und die wirtschaftlichen Verhältnisse es zuließen. Es sollte aber öffentlich bekannt gemacht werden, „daß dieses Spinnhaus nicht als ein Aufenthalt der Correktion und Strafhaus, sondern als ein Erziehungsinstitut anzusehen seye, mithin lauter ehrbare Kinder darin aufgenommen werden"[438]).

Schluß.

Wegen des beschränkten Aktenmaterials war es nicht möglich, die Einflüsse der Reformation, des Humanismus und des Naturrechts bei allen Deliktstatbeständen festzustellen. Wo es ging, ist es geschehen. Die Darstellung konnte sich nur auf die Wiedergabe der vorhandenen Prozeßakten beschränken. An dieser Stelle sollen noch einige Worte dem Versuch einer Straftat und der Teilnahme an einer solchen gewidmet werden.

Der Versuch.

Das Landrecht von 1537 kannte den Versuch als selbständigen Verbrechenstatbestand beim Auflauern des Feindes, wobei notwendige Voraussetzung das Vorhandensein mehrerer Beteiligten war[439]). Wurden die Wegelagerer „angetast und gegriffen", so sind sie „in des Herren Hand" und „an ihrem lyve zu straiffen und dat uff gnade, wiewaile ire uffsatze und buese wylle myt den wercken nit vollbracht were"[440]). Da, im Gegensatz zur Karolina, in der nach Art. 178 nur die „zur vollendung dienstlichen Wercken" als Versuchshandlung angesehen wurden, zwischen Vorbereitungshandlungen und Ausführungshandlungen kein Unterschied gemacht wurde, gehört

[435]) VO. vom 18. September 1771 (Scotti a. a. O., Nr. 2070). Schoeneseiffen a. a. O., S. 83.
[436]) VO. vom 18. September 1771 (Scotti a. a. O., Nr. 2070).
[437]) VO. vom 10. September 1759 (Scotti a. a. O., Nr. 1866).
[438]) Schoop a. a. O., S. 195*, S. 219*, S. 384, S. 405 und S. 406.
[439]) His, Strafrecht des Mittelalters, S. 194 Anm.
[440]) Jülicher LR. Art. 31.

auch der Tatbestand der Drohung hierher[441]). Eine Bestrafung des Drohers erfolgt nicht; wohl wird er solange in Haft gehalten, bis er Sicherheit geleistet hat und feststeht, daß er seine Drohung nicht verwirklicht. Es handelt sich also um eine reine Vorbeugungsmaßnahme.

Zahlreiche Weistümer aus dem 16. Jahrhundert und früher kennen als selbständigen Versuchstatbestand den „Messerzugh", dessen Bestrafung durch den Landesherren zu erfolgen hatte[442]). Auch die Polizeiordnung von 1554 kennt den Versuch, hier jedoch nicht als selbständigen Tatbestand. So heißt es beim Unzuchtsdelikt: „so sich aber einer solches obgemeltes Mißhandels freventlicher und gewaltig weiß gegen einer unverläumbter Jungfrawen oder Frawen unterstünde und sich die Fraw oder Jungfraw seiner erwehrete oder von solcher Beschwernuß sonst erret würde ..."[443]). Man sieht deutlich, daß es bei diesem Versuch nur darauf ankommt, daß der Täter auf irgendeine Weise an der Ausführung seines Verbrechens gehindert wird, sei es durch die Frau oder Jungfrau selbst, sei es durch einen Dritten oder sonstigen Umstand. Später erscheint der Versuchstatbestand dann wieder als selbständiger Tatbestand in der ausführlichen und umfangreichen Duellgesetzgebung, wie sie auch schon in Sachsen (1572) und Preußen (1652) vorangegangen war und von denen die Tatbestände fast wörtlich übernommen worden sind[444]). In einer Verordnung des Jahres 1797 finden wir ebenfalls den Versuchstatbestand: „derjenige, bei dem in Zukunft eine solche Summe falschen Geldes gefunden wird, daß man daraus schließen kann, daß er solche in böser Absicht besitze, um damit zu betrügen, wird mit sechsjähriger unablösbarer Zuchthausstrafe belegt"[445]).

Auch die Praxis befaßt sich hin und wieder mit der Bestrafung eines versuchten Delikts. Die vorhandenen Quellen hierüber sind allerdings recht dürftig[446]). Die wenigen vorhandenen Akten lassen jedoch erkennen, daß die Praxis stark von der herrschenden gemeinrechtlichen Wissenschaft beeinflußt ist. Carpzov und Blumlacher werden als die maßgebenden Autoritäten in den Schöffengutachten erwähnt.

Die Bestrafung des Versuchs war milder als die der vollendeten Tat. Das Landrecht spricht beim Tatbestand des Wegelagerns eine Strafe „an ihrem lyve" aus, und zwar „uff gnaide", was gegenüber

---

441) Jülicher LR. Art. 66. Auch His, Strafrecht des Mittelalters, S. 196.

442) Weistum des Frohnhofs von St. Georg zu Poulheim (Lacomblet, Archiv, Bd. VII, 2, S. 19). Weistum der Herrschaft und Hochheit Gladbach (Müller, Beiträge zur Geschichte des Herzogtums Jülich, Bd. II, Bochum 1868, S. 79).

443) Jülich-Bergische Polizeiordnung, S. 15.

444) Das Gesetz ist abgedruckt bei Scotti a. a. O., Nr. 807. Siehe über die Duellgesetzgebung anderer deutscher Territorien: Otto, Die Festungshaft, ihre Vorläufer, Geschichte und Zukunft. Dissertation, Jena 1938, S. 86 ff.

445) VO. vom 12. April 1797 (Scotti a. a. O., Nr. 2471).

446) Hauptgericht Jülich Nr. 110 (1662), Nr. 197 (1734).

dem vollendeten Totschlag eine Milderung bedeutet. Der Notzüchter wird dem Räuber gleich mit dem Schwerte gestraft, die versuchte Notzucht soll dagegen „nach Gelegenheit und gestalt der Persohnen und unterstandenen Missethat" gestraft werden, was zwar eine Bestrafung gleich der Vollendung nicht ausschloß, jedoch erkennen läßt, daß der Gesetzgeber eine Milderung der Strafe ins Auge gefaßt hatte. Das Duellgesetz vom 10. Mai 1692 bestraft entsprechend den bereits genannten Vorbildern den Versuch ebenfalls milder, und zwar mit dem Verlust aller Chargen und einer harten Geldbuße oder Gefängnisstrafe, während auf die Ausführung des Duells selbst dann, wenn keiner getötet oder verwundet wird, die Todesstrafe zu erkennen ist[447]). Zog Straßenraub und schwerer Diebstahl nach der Rechtsprechung im allgemeinen die Todesstrafe nach sich, so wurde das im Versuchsstadium steckengebliebene Verbrechen mit einer willkürlichen Strafe belegt, mit der Begründung, daß die Todesstrafe nicht ausgesprochen werden könne, „wann die erste einbrechung schon mit großer gewalt verübt, dabey aber würcklich nichts entfrembt oder gestohlen wurde, dann die lebensstraff wird nicht wegen deß brechen oder einsteigen allein sondern wegen des diebstahls, so durch einsteigen oder brechen geschieht, auffgesetzt"[448]).

Die Teilnahme.

Die Straftat konnte in der verschiedensten Weise begangen werden. Teilnahmeformen waren Anstiftung, Mittäterschaft, Beihilfe und Begünstigung. Eine scharfe Unterscheidung zwischen Mittäter und Teilnehmer kennt die territoriale Gesetzgebung ebensowenig wie die Karolina, die im Art. 177 bestimmt, daß derjenige, der „einicherley hülff, beystand oder förderung, wie das alles name hat", peinlich zu strafen sei. Die Begriffe sind zunächst noch nicht scharf voneinander geschieden und werden daher vielfach vollkommen wahllos gebraucht und nebeneinander gesetzt. Das Edikt Herzogs Wilhelm betreffend die Landzwinger und Straßenschänder will alle diejenigen, die „einigen Raht geben, Anweisung, Hülff oder Beystand leisten", die die Landzwinger und Straßenschänder „beherberget, gehauset, oder einiger wissentlicher Unterschleiff geben" als Mittäter bestraft wissen[449]). Aber das Landrecht von 1537 kennt bereits den Begriff der Mittäterschaft, wenn es feststellt, daß bei einem Totschlag, bei dem „zwene dry off mehe dairbey gewest weren" und nicht festgestellt werden kann, wer der Totschläger gewesen ist, „dieselvygen alle samen, die kyfflich gewest synt, die bruchten van deme doitslage an unsem g. l. heren affdragen" sollen[450]). In dem

[447]) Gesetz vom 10. Mai 1692 Art. III (Scotti a. a. O., Nr. 807).
[448]) Hauptgericht Jülich Nr. 197 (1734).
[449]) Edikt vom 20. Februar 1579 (Jülich-Bergische Polizeiordnung, S. 81).
[450]) Jülicher LR. Art. II, 3.

Tatbestand des Wegelagerns ist uns das Beispiel einer Beihilfe zum Versuch gegeben[451]).

In der zweiten Hälfte des 16. Jahrhunderts und auch noch bis zum Ende des 17. Jahrhunderts macht die Praxis des Kriminalgerichts bei der Beurteilung einer Straftat keinen Unterschied darin, ob der Delinquent die Tat allein begangen hat, oder ob er Mittäter ist oder gar nur zur Tat angestiftet, sie begünstigt oder ihr Beihilfe geleistet hat[452]). Unter dem Einfluß der naturrechtlichen Wissenschaft erfolgt dann um die Jahrhundertwende eine verfeinerte Beurteilung der Straftat[453]). Nicht alle Mittäter erhalten die gleiche Strafe, wenn auch dieser Grundsatz theoretisch weiter Geltung hat. Man versucht festzustellen, wem der „geringste Verdacht" der strafbaren Handlung zusteht, und so kommt es zu einer Abstufung der Bestrafung.

Während die Teilnahmeformen der Begünstigung und Beihilfe auch als solche gekennzeichnet werden, erhält die Anstiftung auch später keine einheitliche Bezeichnung. Sie ist in dem obengenannten Edikt Wilhelms mit „raht und Anweisung" umschrieben. Noch 1714 spricht ein Urteil von „rhat und beyhilf", was zeigt, daß hier ausdrücklich zwischen Anstiftung und Beihilfe unterschieden wird[454]), was nicht immer der Fall ist, abgesehen davon, daß das Wort „rhat" auch für intellektuelle Beihilfe gebraucht wird[455]). Die Bestrafung des Anstifters ist die des Täters, während nach der Duellgesetzgebung des Jahres 1692 die Frau, die ihren Mann, oder die Eltern, die ihre Kinder „animiren", nicht die Strafe des Duellanten erhalten und milder bestraft werden[456]).

Die Beihilfe kann der Tat vorausgehen und bei der Tat geleistet werden. Im ersteren Falle nennen sie die Urteile „consilium" und im zweiten Falle „auxilium". In der Praxis kommt die Beihilfe hauptsächlich bei Bandenvergehen vor und hier sind die Diebstahlsdelikte in der Mehrzahl solche Delikte, bei denen fast alle Teilnahmeformen stets und ständig wiederkehren[457]). Die Bestrafung der Beihilfe durch die Tat, sei es durch „schildwachthalten" oder durch Tragen von Einbruchswerkzeugen[458]), erfolgte „extra ordinem". War die Hilfeleistung vor der Tat verabredet, so wurde der Gehilfe mit „poena ordinaria" belegt[459]). Eine leichte Milderung des Urteils konnte der Teilnehmer dadurch erlangen, daß er der nachfolgenden Teilung der

[451]) Jülicher LR. Art. 31. Siehe auch His, Strafrecht des Mittelalters, S. 134.

[452]) Hauptgericht Jülich Nr. 26 (1576), Nr. 65 (1592), Nr. 75 (1604), Nr. 76 (1604), Nr. 127 (1684), Nr. 146 (1698).

[453]) Hauptgericht Jülich Nr. 178 (1714).

[454]) Hauptgericht Jülich Nr. 172 (1714).

[455]) His, Strafrecht des Mittelalters, S. 115.

[456]) Gesetz vom 10. Mai 1692, Art. IV (Scotti a. a. O., Nr. 807).

[457]) Hauptgericht Jülich Nr. 159 (1709), Nr. 190, Bl. 37 ff. (1731), Nr. 193 (1730): „sich denen Diebesbanden gesellet . . .").

[458]) Hauptgericht Jülich Nr. 193 (1730: „schildwachthalten"); Nr. 167 (1713: für bloße Hilfestellung).

[459]) Hauptgericht Jülich Nr. 193 (1730); Schaffstein, Beiträge, S. 175.

gestohlenen oder geraubten Gegenstände nicht beiwohnte. Bei der Aburteilung eines schweren Diebstahls im Jahre 1730, an dem mehrere Täter und Gehilfen beteiligt waren, erwägen die Schöffen, ob einer beteiligten Gehilfin nicht „praeter poenam gladii die pflechtung des cörpers auffs rath hinzuzusetzen seye, ... umb des willen, daß inquisita der theilung selbst nicht beygewohnt, sondern nachgehends von ihrem ehemann ihren antheil bekommen"[460]).

Kennzeichnend für die dreißiger Jahre des 18. Jahrhunderts ist, daß Täter und Teilnehmer bereits scharf unterschieden wurden und man in der Praxis versuchte, die Bestrafung den verschiedenen Formen entsprechend zu gestalten und den in der Teilnahme liegenden verbrecherischen Willen zu bestrafen. Auch die Duellgesetzgebung versucht bereits, einen Unterschied in dieser Hinsicht zu machen, indem sie bestimmt, daß Kartellträger, Sekundanten und sonstige Helfershelfer gleich dem Duellanten selbst unnachsichtlich gestraft werden, während der Diener, der auf Befehl des Provokateurs Kartellträger war, oder das Gewehr getragen hatte, „nach Ertrag ihres Verbrechens" zu 2—3 Jahre „vestungsbau" verdammt wird[461]). Eine selbständige Form der Teilnahme ist die Nichtanzeige von Verbrechen.

[460]) Hauptgericht Jülich Nr. 193 (1730).
[461]) Gesetz vom 10. Mai 1692 (Scotti a. a. O., Nr. 807).

Lebenslauf.

Ich, Peter Robertz, wurde am 22. April 1913 in Aachen als Sohn des Brennereibesitzers Josef Robertz und seiner Ehefrau Berta, geb. Radermacher, geboren. Ich bin kath. Konfession. Ostern 1932 bestand ich an der Hindenburg-Oberrealschule zu Aachen das Abitur und studierte sodann die Rechtswissenschaften an den Universitäten Freiburg/Br. und Bonn. Die erste juristische Staatsprüfung legte ich am 6. Dezember 1935 vor einer Prüfungskommission beim Oberlandesgericht in Düsseldorf ab. Die mündliche Promotionsprüfung fand am 22. Dezember 1939 an der Rheinischen Friedrich-Wilhelms-Universität zu Bonn mit dem Gesamtprädikat „gut" statt.

Herrn Prof. Dr. von Weber und Herrn Stadtarchivdirektor Prof. Dr. Huyskens, Aachen, danke ich besonders für die mir bei der Anfertigung der Dissertation gegebenen wertvollen Anregungen, Herrn Archivar Dr. Mummenhoff, Aachen, für die freundlicherweise übernommene Korrektur.

La Ruelle'sche Accidenzdruckerei (Inh. Jos. Deterre & Sohn), Aachen.